私立大学の会計情報を読む

成長の源泉を求めて

小藤康夫［著］

創 成 社

はじめに

私立大学は独自の理念と目標を定め、それに向かって邁進している。年度ごとに発表される活動報告書を読むことで、大学の運営状況がほぼ正確に把握できるようになっている。しかもカラフルな写真や図表を載せながら丁寧な説明が行われているので、眺めているだけでも大学の様子がある程度理解できる。

それに対して決算の報告書は難解である。通常では目に触れない専門用語と大量の数字が並んでいるだけである。しかも、一般の株式会社の会計とも異なっているので、会計知識がある人でも戸惑うかもしれない。それでも大学を知るうえで重要な情報源であるので、会計情報を無視するわけにはいかない。

一般的に大学の運営が好ましい方向に進んでいるのかどうか、外部の者は判断に迷うかもしれない。だが、会計情報はそうした迷いを払拭してくれる。一見、難しそうに見えても基本原理をつかめば有益な役割を果たしてくれるのに気づく。例えば、運営が正しい方向に進んでいれば決算も良い結果が反映される。逆も成立し、赤字決算は運営の修正を促すシグナルになる。実に単純明快である。

本書では私立大学の会計情報にスポットをあてながら、真の経営力を見ていくことにしたい。黒字決算が続けば資本は蓄積され、将来に向けてさらに発展していく。それゆえ、決算の会計情報を通じて経営状態を絶えず把握する必要がある。

その一方で、大学の市場は18歳人口の減少から確実に縮小化に向かっている。その結果、大学間の競争は年を追うごとに熾烈になりつつある。そうであれば大学の経営状態を単独で見ていくのではなく、ライバル大学と比較したほうが今日の状況にあった分析になろう。

そこで、全国的に知名度の高い東京と関西の主要私立大学33校を対象にしながら主要な財務指標を比較するアプローチを採用している。全国の多くの私立大学も同じような分析ができるのではないだろうか。

ここでいう会計情報とは、資金収支計算書・活動区分資金収支計算書、事業活動収支計算書、そして貸借対照表である。これらを直接見るのもよいが、コンパクトな形で凝縮した財務指標を作成したほうがわかりやすい。したがって、大学独自の財務指標を通じて大学の実態を探っていきたい。

世間一般の物差しで大学間の比較といえば、すぐに偏差値を代表的な指標として取り上げる場合が多いが、ここではまったく別の視点からの比較が試みられている。財務指標に注目すれば、偏差値とはまったく違う姿が見えてくる。興味深い現象である。

一般企業の分析と同様に収益性指標、健全性指標そして成長性指標が代表的な財務指標である。これらの指標を駆使しながら分析を進めていくが、今日の主要私立大学は資産運用にも積極的に取り組んでいる。いつまでも授業料収入だけに全面的に依存するわけにはいかないのであろう。それゆえ、資産運用の状況も重要な財務指標として加える必要がある。

米国の大学では昔から資産運用に力を入れた運営を展開している。ここから得られる収益が全体の3割台を占める大学も珍しくない。そのための体制も万全であり、大学本体とは独立した寄付基金と呼ばれる組織を設けている。高い運用利回りを生み出すことで、さらに運用残高を増やしている。わが国の私立大学も徐々に米国の大学を模範としながら積極的な資産運用に励んでいる。

そのほかにも新しい財務指標を作成しながら大学間の比較を行っている。さまざまな角度から調べることで大学経営の実態が明らかにされるからだ。なかでも資金収支計算書を補完するために発表されている活動区分資金収支計算書に注目すると、興味深い事実が浮かび上がってくる。資金収支の流れを追っていくと、政府の補助金が果たす役割が重要な位置を占めていることがわかる。

私立大学は建学の精神に基づきながら独自の経営を繰り広げなければならない。ところが、資金収支の流れを見ていくと、政府の補助金が決定的な役割を果たしている。これでは政府のコントロール下に置かれてしまう。しかも資産運用の財源も政府の補助金に依存した構図が描ける。寄付金が資産運用の財源となっている米国の大学とはまったく違っている。

このように財務分析を展開していくと、わが国の大学のさまざまな実態が浮かび上がってくる。私立大学を対象にしているが、国立大学法人についても1つの章で扱っている。本来ならば財務分析と無縁な存在と思われるかもしれないが、経営の基本は同じである。ここで展開する財務分析は国立大学法人にも役立つのではないだろうか。

なお、本書の内容は筆者個人の見解に基づくものであり、所属する機関とは一切関係していない。このことをお断りしておく。

目　次

第1章　主要私立大学の財務分析—成長の源泉を求めて—

第1節　財務分析からの大学評価

(1) 大学経営の見方

設立時に掲げられた独自の建学理念を実現するため、時代を超えて教育・研究活動に日々取り組み続けるのが私立大学の使命である。さまざまな環境の変化を乗り越えながら、長期にわたって着実な歩みを進めていくことが求められている。

毎期ごとに発表される決算は、運営の実態を数値の形で表したものである。大学が置かれた状況は、直近の決算から財務分析を通じて明らかにされる。好ましい結果が得られていれば、理想の姿に向かっていると判断できる。

同時に大学が建学理念の実現に向けて、長期にわたって持続的な成長を遂げていることも確認する必要がある。短期的な視点も無視するわけにはいかないが、むしろ長期的な視点のほうが大学運営を把握するうえで大切である。

本章では決算を正確に理解するうえで必要な大学経営の財務分析を通じて、持続可能な成長の条件を明らかにしていきたい。このことが理解できなければ、いずれ大学は競争社会のなかで不安定な経営を強いられるであろう。

具体的に大学の決算データを用いながら、実践的な財務分析を試みていく。そして、最終的に成長の源泉を探っていきたい。これにより大学経営の見方がかなり変わってくるだろう。最後に明らかにされるが、赤字を回避さえすればそれで良いとする通常の考え方では、将来の姿が見えなくなるからだ。

(2) 対象とする私立大学

主要私立大学33校に絞りながら財務分析を展開するが、それらは受験界の括りとして全国的に知名度の高い大学グループである。なお、＊印は医学部を抱える大学を意味している。財務分析を行う際に医学部の存在は無視できないためである。

①早慶上理ＩＣＵ（5校）
早稲田大学、＊慶應義塾大学、上智大学、東京理科大学、ＩＣＵ
②関関同立（4校）
関西大学、関西学院大学、同志社大学、立命館大学
③ＧＭＡＲＣＨ（6校）

学習院大学、明治大学、青山学院大学、立教大学、中央大学、法政大学

④東西女子大（5校）

津田塾大学、日本女子大学、東京女子大学、京都女子大学、神戸女学院大学

⑤日東駒専（4校）

＊日本大学、東洋大学、駒澤大学、専修大学

⑥産近甲龍（4校）

京都産業大学、＊近畿大学、甲南大学、龍谷大学

⑦大東亜帝国（5校）

大東文化大学、＊東海大学、亜細亜大学、＊帝京大学、国士舘大学

(3) 偏差値からの解放

本章の目的は財務分析を通じて成長の源泉を見出すことにあるが、大学の新しい見方を提供することも意図している。一般に大学のランク付けは、受験業界が提示する偏差値で位置づけられる傾向が強い。実際、33校のグループ分けも偏差値に従ったものである。

人々の大学評価がこれで決定づけられる傾向にある。そこでは偏差値の高い大学が優良な大学であり、低い大学が劣位な大学として一方的に決めつけられてしまう。偏差値の影響力は強く、大学そのものの評価だけでなく、所属する個々の学生や卒業生にも及ぶ。

確かに偏差値は大学の入口段階での基礎学力を見るうえで有益な指標である。この数値があることで受験生が入学可能な大学であるか否かを効率的に判断できる。だが、大学の本質は入学後の教育・研究内容にあり、さらに卒業後に大学で得た知識をどのように活かせるかにある。

これから展開する財務分析は、大学の活動を数値の形で端的に表示したものである。これを見ることで大学に対する本来の評価が可能となる。その時、偏差値とはまったく違った姿が現れるのではないだろうか。偏差値の呪縛から解放してくれる1つの材料となることを期待している。

第2節　大学経営の見方

(1) 財務指標の定義

一般企業と同様に収益性、健全性、成長性という3つの基本的財務指標から分析していく。これらは財務諸表を構成する事業活動収支計算書と貸借対照表から、次のように求められる。

<基本的財務指標>

①収益性指標　・・・ROE（%）

＝基本金組入前当年度収支差額／純資産

＝（経常収支差額＋特別収支差額）／純資産

経常収支率（％）

＝経常収支差額／純資産

②健全性指標・・・自己資本比率（％）

＝純資産／資産

③成長性指標・・・基本金組入率（％）

＝基本金組入額／事業活動収入合計

さらに別の姿を見るため、次の3つの付随的財務指標も加えていきたい。

＜付随的財務指標＞

④資産運用指標・・・直接利回り（％）

＝教育活動外収支の受取利息・配当金／運用可能資産

⑤長期成長指標・・・過去10年間における純資産の平均成長率（％）

（2018年度）

		（2）付随的財務指標					
基本金組入率		直接利回り		平均成長率		純資産	
	順位		順位		順位		順位
4.38	22位	1.79	2位	1.27	20位	279,397	4位
7.95	16位	1.57	5位	2.20	10位	266,259	6位
12.05	8位	1.42	6位	3.88	2位	85,395	21位
65.85	1位	3.13	1位	▲ 0.14	30位	145,313	13位
13.38	7位	1.65	4位	▲ 1.11	33位	64,749	25位
13.73	5位	0.50	20位	4.44	1位	104,101	18位
2.93	28位	0.48	22位	1.47	18位	170,749	10位
3.52	25位	0.34	28位	2.46	7位	179,390	8位
1.17	32位	1.71	3位	1.74	14位	276,276	5位
6.66	19位	0.71	13位	1.13	23位	85,292	22位
5.16	21位	0.52	17位	0.13	29位	173,824	9位
8.69	14位	0.77	12位	1.38	19位	130,000	15位
3.77	23位	0.52	18位	2.26	9位	70,268	24位
5.73	20位	0.49	21位	1.64	15位	137,409	14位
11.42	9位	0.41	24位	1.57	17位	165,682	11位
7.02	18位	0.10	31位	0.36	28位	32,440	29位
3.30	27位	0.35	26位	2.04	11位	22,642	32位
20.60	3位	0.35	25位	3.78	3位	27,731	30位
7.63	17位	0.06	32位	1.82	13位	62,020	26位
3.51	26位	0.52	19位	2.54	6位	12,603	33位
2.59	30位	0.56	16位	▲ 0.28	32位	605,109	1位
24.47	2位	0.35	27位	3.61	5位	155,118	12位
15.97	4位	0.20	29位	3.62	4位	51,980	28位
13.59	6位	0.18	30位	▲ 0.14	31位	119,057	17位
9.13	11位	0.80	11位	1.27	21位	103,859	19位
9.08	12位	0.02	33位	2.33	8位	297,463	3位
2.01	31位	1.13	8位	0.43	27位	80,050	23位
8.78	13位	0.91	9位	1.23	22位	121,101	16位
11.20	10位	0.70	14位	0.53	26位	89,384	20位
3.64	24位	0.43	23位	0.67	25位	249,300	7位
0.13	33位	0.87	10位	1.58	16位	25,093	31位
2.86	29位	1.31	7位	1.92	12位	462,104	2位
8.49	15位	0.66	15位	1.03	24位	54,264	27位

図表1－1　主要私立大学の財務指標

	（1）基本的財務指標					
	ROE				自己資本比率	
		順位	経常収支率	順位		順位
①早慶上理ICU（5校）						
早稲田大学	1.90	10位	4.97	18位	84.17	21位
＊慶應義塾大学	1.90	11位	0.70	30位	75.58	33位
上智大学	1.82	12位	7.45	11位	79.57	26位
東京理科大学	▲0.47	31位	11.98	4位	82.85	23位
ＩＣＵ	▲0.64	32位	▲7.05	33位	83.31	22位
②関関同立（4校）						
関西学院大学	2.91	8位	10.81	6位	87.58	13位
関西大学	1.30	16位	4.50	22位	87.28	14位
同志社大学	1.35	15位	4.91	19位	89.40	8位
立命館大学	1.42	13位	5.08	16位	87.73	12位
③GMARCH（6校）						
学習院大学	0.86	22位	4.56	21位	89.32	9位
明治大学	1.09	19位	3.35	24位	76.99	30位
青山学院大学	1.39	14位	5.65	15位	85.66	18位
立教大学	3.73	3位	8.55	9位	76.63	31位
中央大学	2.93	7位	8.03	10位	85.17	20位
法政大学	3.18	6位	12.48	3位	86.55	16位
④東西女子大（5校）						
津田塾大学	▲0.27	30位	▲1.60	32位	94.52	2位
東京女子大学	3.34	5位	13.61	2位	86.80	15位
日本女子大学	5.01	1位	3.91	23位	82.78	24位
京都女子大学	0.51	28位	4.62	20位	93.97	3位
神戸女学院大学	0.61	25位	1.51	29位	85.98	17位
⑤日東駒専（4校）						
＊日本大学	0.66	24位	2.79	25位	78.55	29位
東洋大学	3.82	2位	14.29	1位	91.89	5位
駒澤大学	▲3.30	33位	10.17	7位	78.73	28位
専修大学	1.12	18位	4.99	17位	85.45	19位
⑥産近甲龍（4校）						
京都産業大学	1.22	17位	5.78	14位	87.97	11位
＊近畿大学	1.09	20位	6.00	13位	88.06	10位
甲南大学	0.59	26位	1.54	28位	92.09	4位
龍谷大学	2.04	9位	9.76	8位	89.41	7位
⑦大東亜帝国（5校）						
大東文化大学	0.02	29位	0.55	31位	89.59	6位
＊東海大学	0.58	27位	2.73	26位	79.47	27位
亜細亜大学	0.71	23位	2.17	27位	76.25	32位
＊帝京大学	0.93	21位	6.92	12位	95.56	1位
国士舘大学	3.62	4位	11.09	5位	82.65	25位

（注）※は医学部を持つ学校法人。単位：％　純資産のみ百万円。

⑥規模の経営指標・・・純資産の大きさ（百万円）

図表1－1は、7種類の財務指標をまとめたものである。単に数値だけを取り上げるのではなく、順位も示されている。大雑把ではあるが、それぞれの大学の財務上の特色がわかるのではないだろうか。

(2) 学納金率と人件費率

これらの財務指標で最も注目しなければならないものは、ROEであろう。純資産に対してどれだけ基本金組入前当年度収支差額が得られたかを見る代表的な収益性指標である。この値が大きければ、基本金組入が増える傾向が強まるので、健全性指標も成長性指標も上がっていく。したがって、大学の財務状況を見るには収益性指標の動きに注目しなければならない。

さらにROEを補完する収益性指標として経常収支率（%）も導入している。ROEの計算式で分子を構成する基本金組入前当年度収支差額は、経常収支差額と特別収支差額を加えたものである。特別収支差額は年度の特殊要因が作用するので、経常収支差額だけを取り出した収益性指標も観測する必要がある。そこで、ROEと同時に経常収支率も収益性指標として見ていきたい。

図表1－2　主要私立大学の学納金率と人件費率（2018年度）

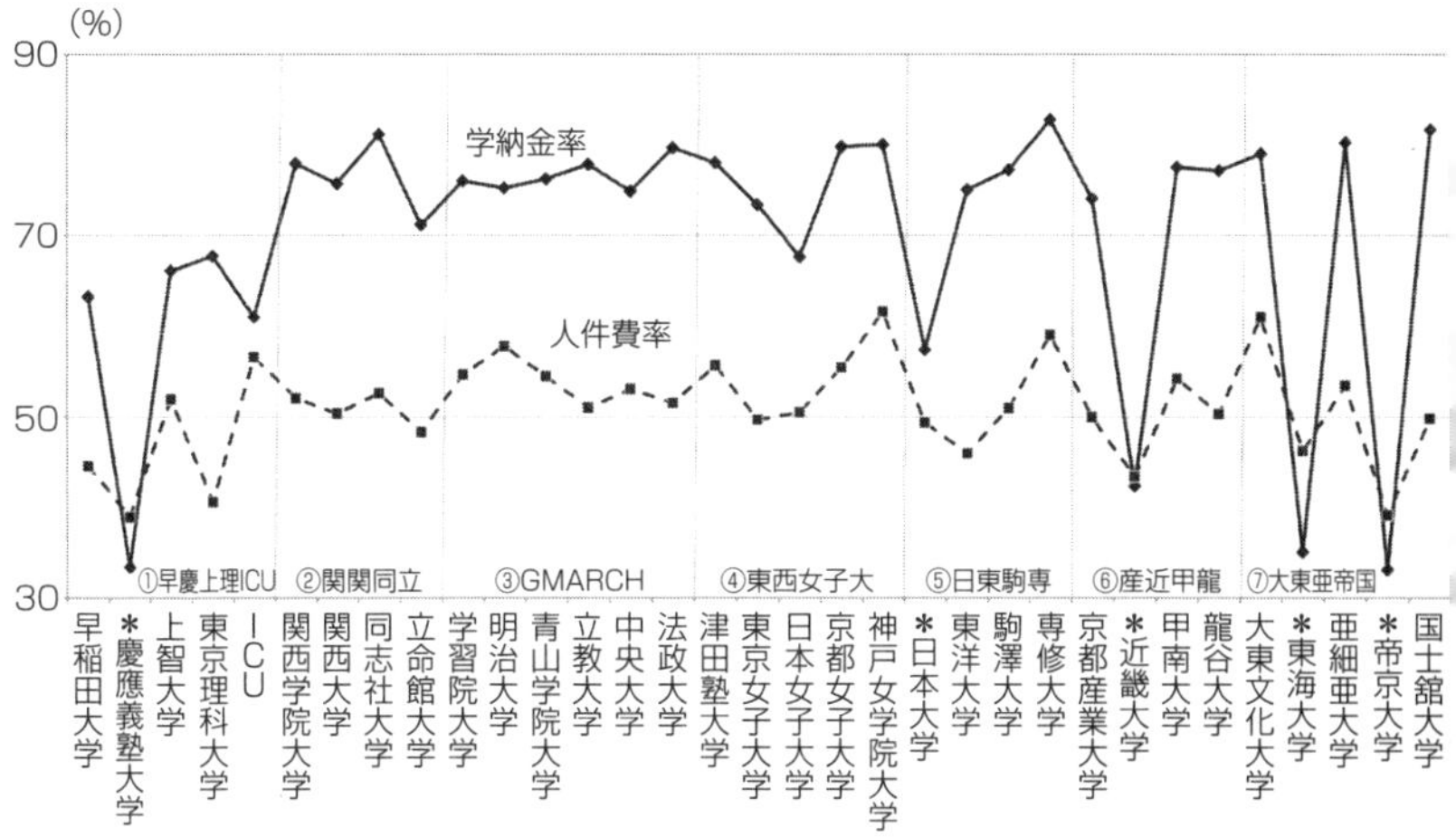

それでは収益性指標に影響を与える財務指標として、どのようなものがあるのであろうか。ここでは次の2つを取り上げることにしたい。

　学納金率（％）＝学納金／事業活動収入合計

　人件費率（％）＝人件費／事業活動収入合計

大学の収入構成で最も高い割合を占めているのが学納金（＝学生生徒等納付金）である。また、支出構成で教職員の人件費が圧倒的な割合を占めている。基本金組入前当年度収支差額は収入と支出の差額であるので、この2種類の比率が収益性指標に大きな影響をもたらすと判断できる。

図表1－2は主要私立大学の学納金率と人

図表1－3　財務指標の相関係数（2018年度）

	学納金率	人件費率	ROE	経常収支率	基本金組入率	直接利回り	平均成長率
学納金率	-	0.70***	0.08	0.21	0.03	▲0.27	0.03
人件費率	0.70***	-	▲0.16	▲0.36**	▲0.28	▲0.43**	▲0.19
ROE	0.08	▲0.16	-	0.43**	▲0.10	▲0.17	0.37**
経常収支率	0.21	▲0.36**	0.43**	-	0.34*	▲0.06	0.47***
基本金組入率	0.03	▲0.28	▲0.10	0.34*	-	0.49***	▲0.03
直接利回り	▲0.27	▲0.43**	▲0.17	▲0.06	0.49***	-	▲0.27
平均成長率	0.03	▲0.19	0.37**	0.47***	▲0.03	▲0.27	-

（注）記号は次の通り。
*＝0.05＜p値＜0.10,　**＝0.01＜p値＜0.05,　***＝p値＜0.01

件費率を比較したものである。大学間において開きが見られ、両方とも高い比率を占めている大学もあれば、低い比率の大学もある。ただ、医学部を持つ大学は２つの比率が相対的に低い傾向にある。それは医療収入そして医療費用が無視できないほどの金額に達しているからである。本来ならば、医学部を抱える大学は別枠のグループとして分析すべきであろうが、それほど数が多くないので一括して扱っている。

第3節　財務指標の相関関係

(1) 相関係数の計測結果

さっそく、学納金率と人件費率が大学の財務指標に影響をもたらすことを相関係数から確認しよう。**図表1－3**は２つの比率のほかに、ＲＯＥ、経常収支率、基本金組入率、直接利回り、平均成長率を加えた合計７つの財務指標を対象に計測した相関係数のマトリックスを表わしている。

以下ではこれらの計測結果から注目すべき組み合わせを拾

い上げていきたい。なお、相関係数に付けられた記号は、*＝0・05＜P値＜0・10、**＝0・01＜P値＜0・05、***＝P値＜0・01を意味する。

（2）収益関連の相関係数

①学納金率と人件費率の相関係数・・・0・70**

学納金率と人件費率はかなり高い正の相関にある。学納金の割合が高い大学ほど、それにつられるように人件費も高くなる傾向が読み取れる。

学納金が最も安易な収入確保の手段であるため、それに応じて人件費も引き上げていくのはあまり好ましい経営行動とはいえない。だが、反対に学納金率を下げながら、それに合わせて人件費率も下げている大学もある。その場合は、むしろ盤石な経営を目指す大学といえる。

②人件費率とＲＯＥの相関係数・・・▲0・16
人件費率と経常収支率の相関係数・・・▲0・36**

人件費率は、ＲＯＥに対しても経常収支率に対しても負の相関にある。人件費率の高い大学は、それだけ費用が掛かるので収益率が下がる傾向にある。逆に、人件費率の低い大学は、収益率が上がる。この関係は誰でも素直に理解できるであろう。

ただ、ROEとの相関は弱く、経常収支率は明確な負の相関が示されている。これは基本金組入前当年度収支差額のなかで特別収支差額の占める割合が高い大学がたまたま多かったためである。経常収支率だけに注目すれば納得できると思われる。

③人件費率と直接利回りの相関係数　・・・▲0・43**

それに対して、人件費率と直接利回りの負の相関はどう解釈すればよいのだろうか。資産運用から利息・配当金が得られ、それだけ事業活動収入合計が増えるので、人件費率は相対的に下がると考えられる。だからこそ、負の相関が得られる。

だが、別の解釈もできるかもしれない。直接利回りが高いのは、積極的に資産運用に取り組んでいる大学である。そうした姿勢は、資産運用だけに留まらず経営全体にも浸透しているので、人件費率を低く抑えていると思われる。

(3)　基本金関連の相関係数

④基本金組入率と直接利回りの相関係数　・・・0・49***

そのことは直接利回りが基本金組入率と正の関係にあることからも感じられる。積極的な経営を展開しているので、将来の大学の発展を目指して基本金組入率を高めていると考えられる。基本金組入率と直接利回りの関係も、人件費率との関係と同様に根本的に経営姿勢が反映された結果と解釈できる。

⑤ROEと基本金組入率の相関係数 ・・・▲0.10
経常収支率と基本金組入率の相関係数 ・・・0.34*

ROEと基本金組入率が負の弱い相関が示されているが、それよりも経常収支率との正の関係に注目すべきである。この関係は当然の結果であろう。経常収支差額が増えれば、将来に向けて基本金組入金も高めていくためである。

2つの収益率で多少異なった結果が生じたのは、特別収支差額が一時的な要因から発生するためではないだろうか。そうした資金は、長期的視点から決断する基本金にとって馴染みにくい性格を持っていると思われる。

⑥ROEと平均成長率の相関係数 ・・・0.37**
経常収支率と平均成長率の相関係数 ・・・0.47***

ＲＯＥも経常収支率も平均成長率に対して正の相関を示している。いずれであれ、基本金組入を通じて純資産に影響をもたらす要因なので当然の結果といえる。ただ、経常収支率のほうがＲＯＥよりも相関係数が若干高いのは、両者の差を生み出す特別収支の存在が影響しているためである。

確かに年度によって差が生じるが、長期的視点に立てば、ＲＯＥも経常収支率も同じように成長に貢献する要因であることには変わりないであろう。

第4節　大学成長のメカニズム

(1) 財務指標の関連性

いままで学納金率と人件費率を起点にしながら、主要な財務指標との関連性について相関係数を通じて観察してきた。**図表1－4**はそれらの関係を体系的に整理したものである。この図で第Ⅰ象限は出発点に相当する領域であり、学納金率と人件費率の正の相関が示されている。それに対して、第Ⅱ象限は人件費率とＲＯＥ・経常収益率の負の相関を表わしている。そして、第Ⅲ象限においてＲＯＥ・経常収益率と基本金組入率の正の相関が映し出されている。

例えば、学納金率が低下した場合を見てみよう。その場合は人件費率が低下する。そうすると、ＲＯＥ・経常収支率が逆に上昇する。そのことは基本金組入率の上昇につながる。

図表1−4　主要な財務指標の関連性

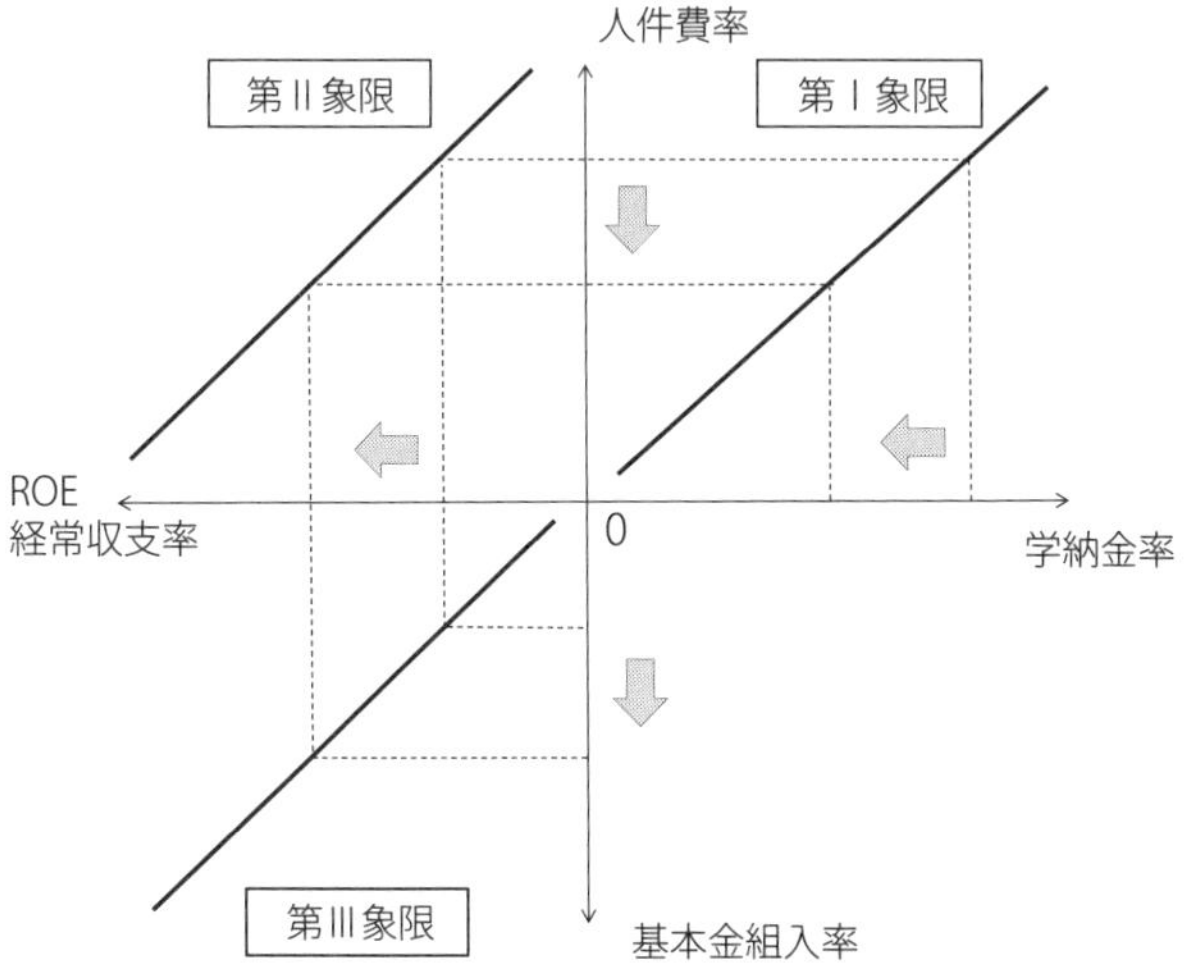

したがって、成長の源泉は余裕資金の発生にあり、それを生み出す要因として人件費率の低下が挙げられる。また、その流れを促進する要因として学納金率の低下が密接に関わっていることもわかる。

(2) 積極経営を示唆する直接利回りの高さ

こうした関係が成立するなかで、直接利回りの高さはさらに成長を促す要因として取り上げられる。**図表1−5**はそのことを描いたものである。積極的な経営を展開しているからこそ、直接利回りも高くなっているので、大学経営全般の合理化に対しても進んで取り入れていると考えられる。それゆえ、第Ⅰ象限の直線は下方にシフトするであろう。同じ学納金率に対して人件費率の引き下げができるからである。

図表1－5　主要な財務指標に及ぼすプラス効果

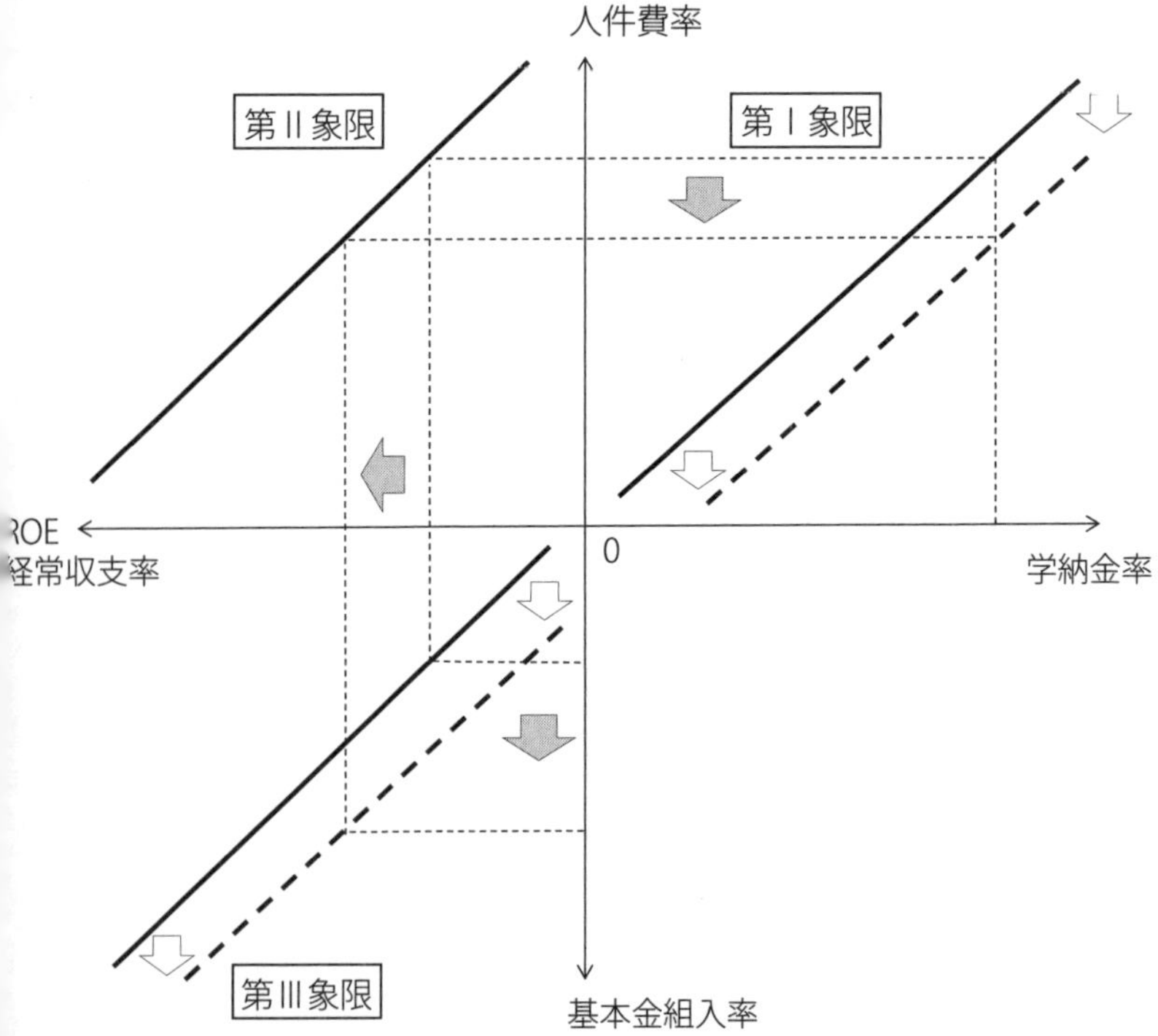

第Ⅱ象限では直線のシフトは生じていないが、人件費率の低下がそのままＲＯＥ・経常収支率の上昇を生み出している。第Ⅲ象限では直接利回りの高さから大学経営への積極的な取り組みが反映して、直線は下方へシフトする。その結果、ＲＯＥ・経常収支率の上昇に対して基本金組入率はさらに高くなっていく。

したがって、直接利回りの高い大学はそうでない大学に比較して、基本金組入率の相違から成長率も高くなることがわかる。ここでは直接利回りと基本金組入率の明確な因果関係を説明せず、単に積極的な取り組みという思いから解釈しているに過ぎない。だが、密接な正の相関を示す計測結果を認識するだけでも十分であろう。

(3) 成長率の決定要因

こうして基本金組入率に至るまでの財務指標の関連性が明らかになった。これにより大学の成長メカニズムが理解できたであろう。基本金の積み増しは大学の成長を促す重要な要因である。だが、大学の成長率をもう少し厳密に捉えれば、基本金組入だけで決定づけられるわけではない。収支差額も影響を及ぼす。

図表1－6はそのことを描いたものである。まず、純資産ｘが与えられたとしよう。ＲＯＥ線上のＡ点から基本金組入前当年度収支差額ａが決定される。このうち基本金組入線上のＢ点から基本金組入額ｂが求まる。

図表1－6　基本金組入額と純資産増分の関係

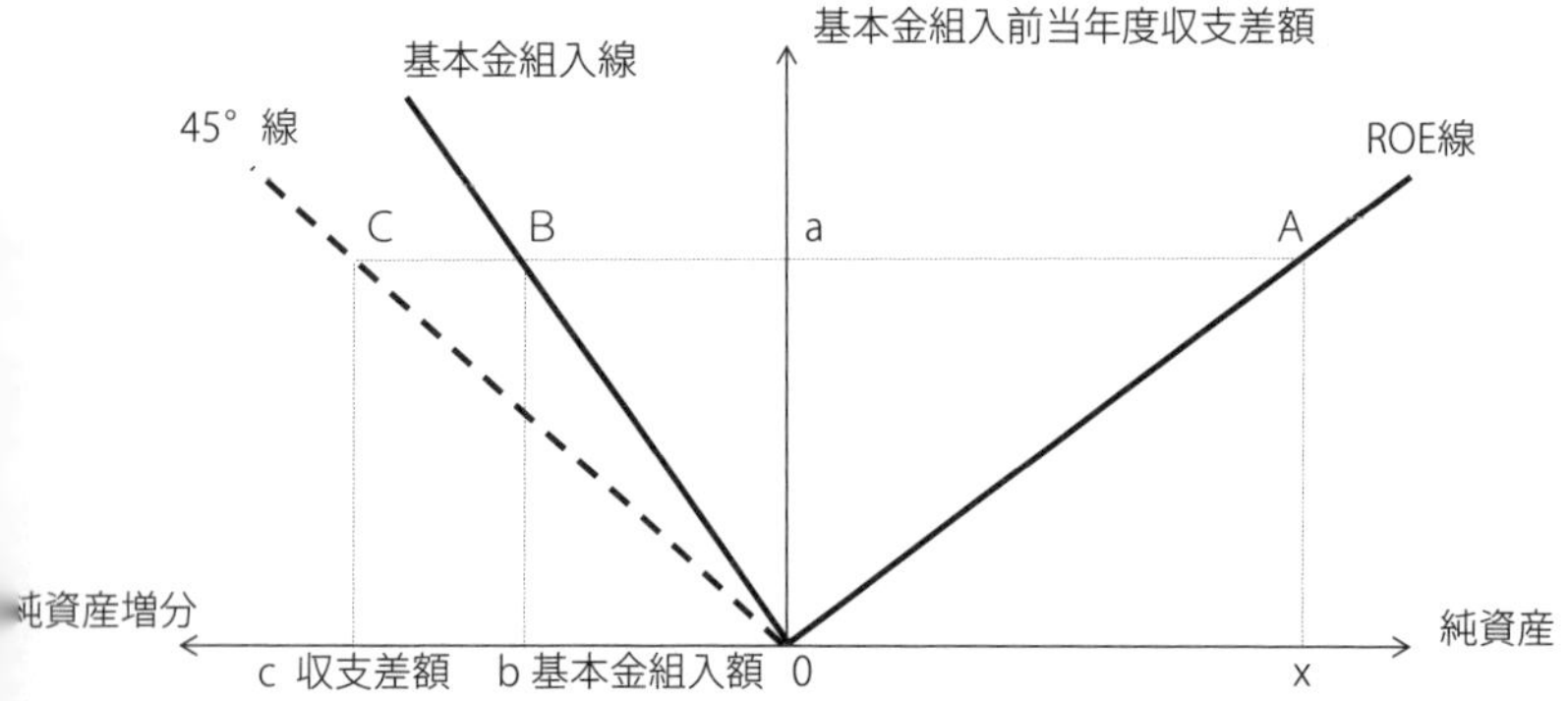

額ｂを差し引いた残りが、45°線上の点Ｃと基本金組入線上のＢ点から導き出された収支差額ｃｂである。結局、純資産増加は基本金組入前当年度収支差額であり、それは基本金組入と収支差額で成立している。

基本金組入前当年度収支差額のほとんどが基本金組入に充てられるので、この項目が成長を導く決定的な要因であることには変わりない。それでも厳密に純資産の増加率を成長率として定義づければ、大学の成長は基本金組入率よりも、むしろＲＯＥによって決定づけられると解釈したほうがよいであろう。

そのことを示したのが**図表１－７**であり、２０１８年度のＲＯＥと過去10年間の平均成長率が33大学ごとに並べられている。さらに両者の関係を明確に捉えるため、散布図で描いたのが**図表１－**

図表1－7　主要私立大学のＲＯＥと平均成長率（2018年度）

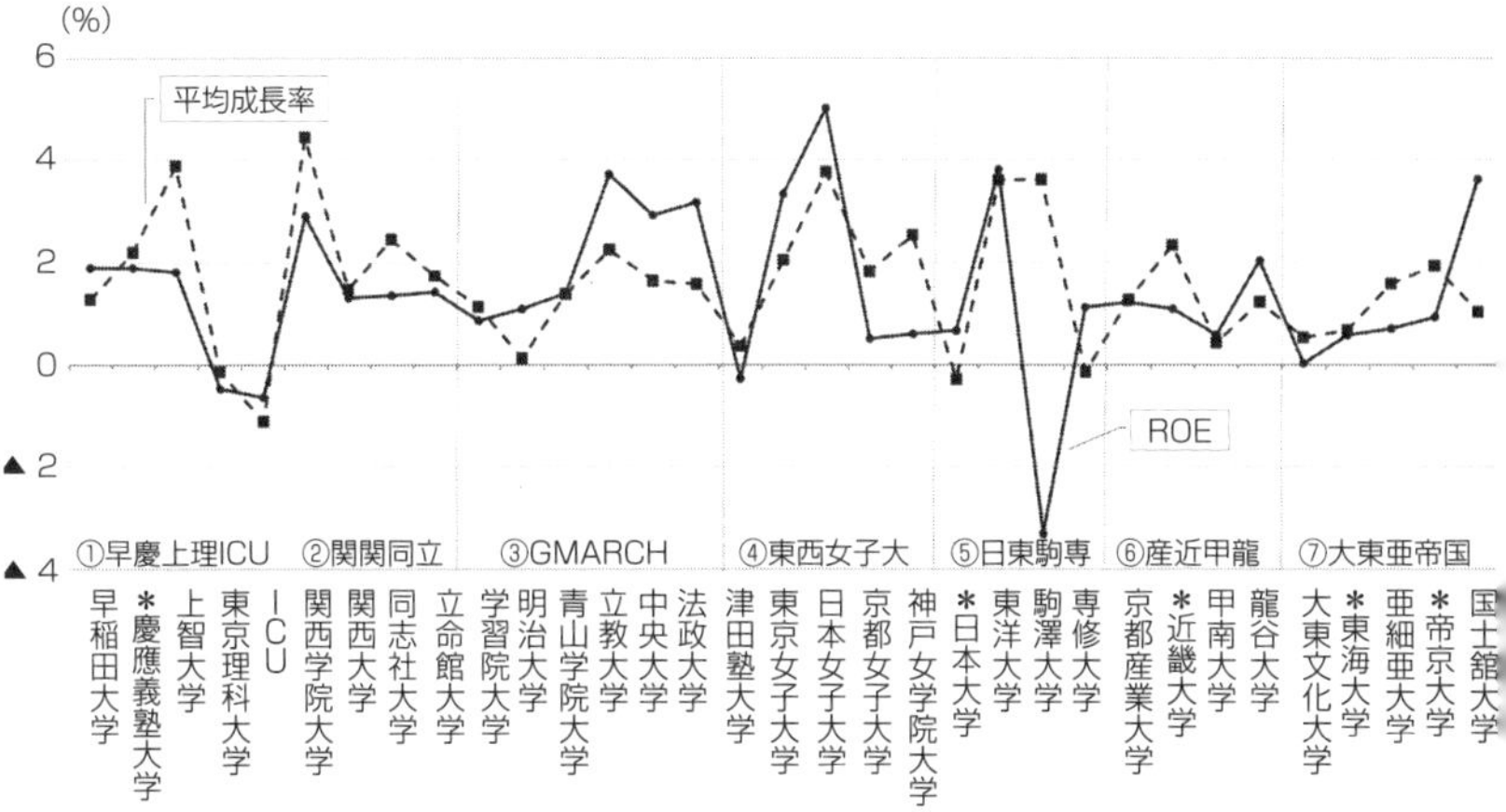

図表1－8　主要私立大学の ROE と平均成長率の散布図（2018年度）

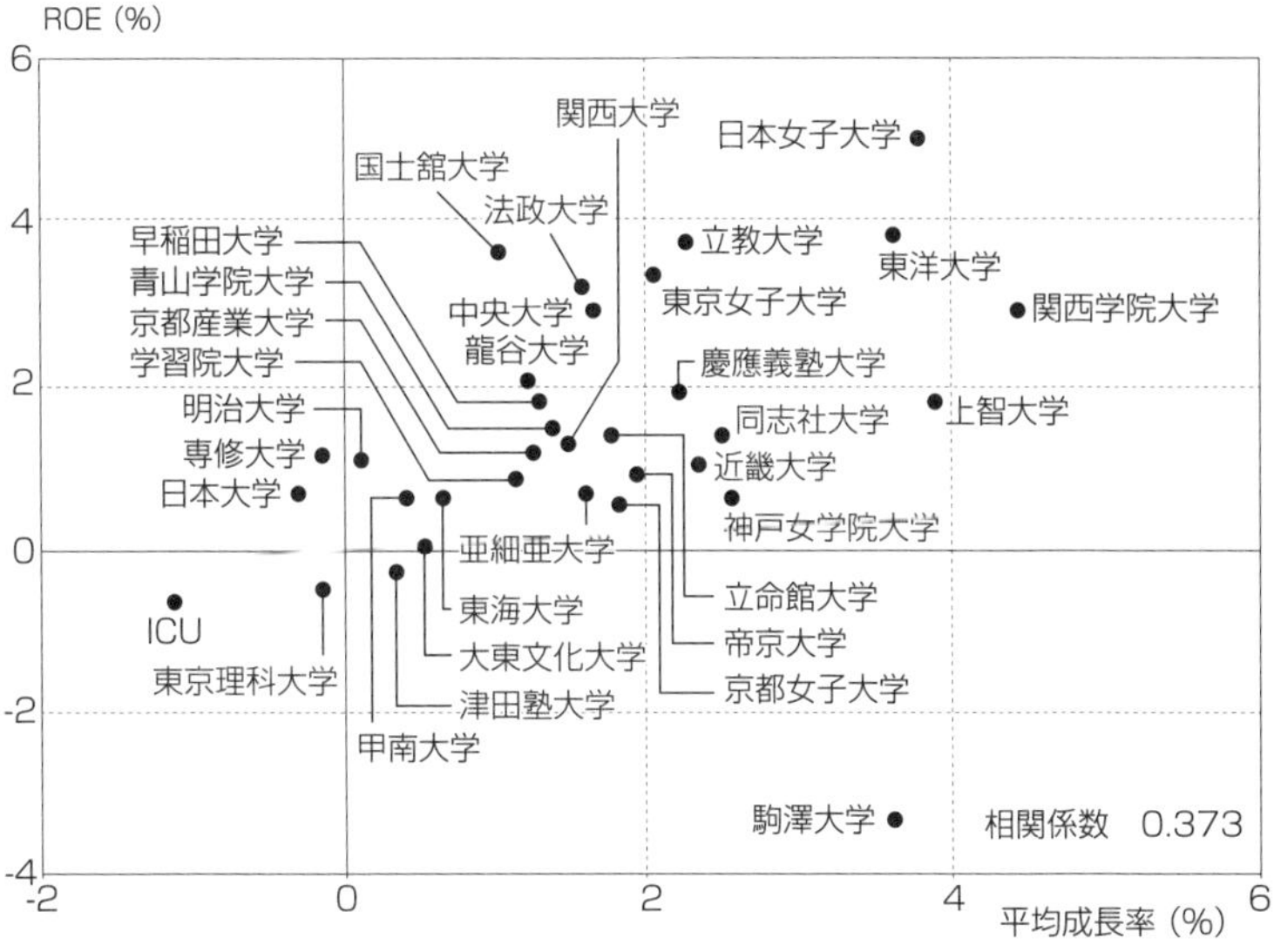

8である。2つの図からROEが大学の成長率を決定づけているのがわかる。

もちろん、基本金組入が積極的に行われない限り、本来の大学経営とはいえない。その意味では基本金組入率は重要な指標である。それでも収支差額の存在が無視できないのも事実である。したがって、大学の成長を見る客観的な指標として基本金組入だけでなく、収支差額も反映したROEに注目するのは大切なことである。

第5節　成長するための新たな財務指標

(1) 中間目標としての2つの財務指標

大学の成長条件は基本金組入前当年度収支差額の存在にあり、収入が支出を上回る必要がある。この条件が毎期連続的に満たされれば、持続的な発展が可能となる。これにより純資産の拡大だけでなく、自己資本比率の上昇も達成される。まさに理想的なプロセスを歩むことができる。

そのためには収支の余剰を生み出す体制が整っていない限り、難しい。本章では学納金率と人件費率に注目し、簡単な相関分析から2つの指標が低下すれば余剰を生み出すことを見出している。

だが、実際の大学運営では人件費／学納金といった別の指標を取り上げるケースが多い。

これは、全収入のうち学納金がかなりの割合を占めるのが大前提となった指標である。そのため、最大の支出項目である人件費の学納金に占める割合を見ればいいことになる。

それに対して、学納金率と人件費率は全収入に対する割合を示している。学納金や人件費だけでなく、全収入を構成するさまざまな要因も考慮した指標である。もちろん、学納金が全収入の多くを占める状況がいつまでも続くなら、2つの指標の導入は意味がない。だが、今日の私立大学を取り巻く経営環境は変わりつつある。

最近の動きとして政府が打ち出した入学定員の厳格化や定員増規制は、大学経営の根幹を揺るがしている。いままで主要私立大学は入学定員の超過や学部増設の繰り返しで成長してきた。それは学納金の果たす役割が大きかったからである。ところが、その前提が今日では崩れつつある。これからは学納金に全面的に依存する経営が難しくなっている。

しかも18歳人口は確実に減り続けている。1966年のピーク時の250万人から今日では半分以下の120万人割れに至り、さらに大きな節目の100万人割れどころか、90万割れが現実に起きている。そのため、大学間の競争はいままで以上に熾烈となる。

そうした困難な状況のなかで見出される解決策は、学納金以外の収入を確保することである。補助金や寄付金、そして資産運用による利息・配当金を通じて大学の収入を高めていくのである。実現可能であれば、収支の余剰が拡大し、基本金への充当からキャンパス整備が進められていこう。

その一方で、人件費も何らかの決断が下される余地が残されている。人件費を動かさなくても学納金以外の要因から全収入が上昇すれば人件費率は低下するが、人件費そのものを引き下げればさらにその比率は低下する。

すでに確認したように、学納金率と人件費率は密接な正の相関にある。学納金率を下げている大学ほど、人件費率も抑えている。そうした大学は人件費に対しても大胆に取り組んでいるのであろう。

こうして見ていくと、学納金率と人件費率という2つの指標は、主要な財務指標に影響をもたらす視点からも、また経営姿勢を探る意味からも、無視できない存在である。この2つの指標を中間目標として経営の舵取りを進めていけば、最終目標である大学の成長につながっていくと思われる。

(2) 大学の資本コスト

大学に課された財務上のノルマは何であろうか。大学ごとに違った答えが返ってくるかもしれない。それでも共通の認識として赤字だけは回避しなければならないと考えるであろう。赤字は純資産の減少につながり、連続的に発生すれば最悪の事態を迎えるからだ。

では、赤字でなければそれで良いのであろうか。収支ゼロの状態はどうであろうか。学納金に全面的に依存し、人件費にほとんどを充てている大学であれば、収支はゼロになる。だが、それでは競争に打ち勝てない。厳しい経営環境のなかで着実な歩みを進めていくには、ライバル大学と比較しながら高い成長を示さなければならない。

そう考えれば、一般企業と同様に大学経営にも資本コストという概念が適用できると思われる。つまり、大学運営に関与するステークホルダーが要求する最低限の収益率をノルマとする経営である。

例えば、ライバル大学グループを対象にしたROEの平均値を「資本コスト」とみなせる。いかなる大学でも平均を下回る状態を許すわけにはいかない。ROEは純資産の成長率を意味するので、平均値を下回れば将来にわたってかなりの差がついてしまう。

それを避けるためにも新たな財務指標として資本コストを意識する必要がある。そうすると、資本コストを上回るROEの達成が財務上の目標となる。目標が明確になれば効率的な運営が可能となる。ただ、これは短期的な目標に過ぎない。ある一定期間の成長率を意識した長期的な資本コストも必要であろう。

図表1-9では大学のグループごとに求めたROEの平均値を「短期資本コスト」、10年間の平均成長率の平均値を「長期資本コスト」と呼び、2種類の資本コストが並べられている。同時にそれぞれの大学のROEと平均成長率を対象にした各資本コストからの乖離も示されている。数値を見るだけでも資本コストの達成度合がわかるが、図で描くともっと理解しやすくなる。

図表1－9　資本コストを基準にしたROEと平均成長率のグループ別乖離（2018年度）

	（1）短期分析			（2）長期分析		
	ROE	短期資本コスト	乖離	平均成長率	長期資本コスト	乖離
①早慶上理ICU（5校）						
早稲田大学	1.90	0.90	1.00	1.27	1.22	0.05
＊慶應義塾大学	1.90	0.90	0.99	2.20	1.22	0.98
上智大学	1.82	0.90	0.92	3.88	1.22	2.66
東京理科大学	▲0.47	0.90	▲1.37	▲0.14	1.22	▲1.36
ICU	▲0.64	0.90	▲1.54	▲1.11	1.22	▲2.33
②関関同立（4校）						
関西学院大学	2.91	1.75	1.16	4.44	2.53	1.92
関西大学	1.30	1.75	▲0.44	1.47	2.53	▲1.06
同志社大学	1.35	1.75	▲0.39	2.46	2.53	▲0.07
立命館大学	1.42	1.75	▲0.33	1.74	2.53	▲0.79
③GMARCH（6校）						
学習院大学	0.86	2.20	▲1.34	1.13	1.35	▲0.22
明治大学	1.09	2.20	▲1.11	0.13	1.35	▲1.22
青山学院大学	1.39	2.20	▲0.81	1.38	1.35	0.03
立教大学	3.73	2.20	1.53	2.26	1.35	0.91
中央大学	2.93	2.20	0.73	1.64	1.35	0.29
法政大学	3.18	2.20	0.98	1.57	1.35	0.22
④東西女子大（5校）						
津田塾大学	▲0.27	1.84	▲2.11	0.36	2.11	▲1.75
東京女子大学	3.34	1.84	1.50	2.04	2.11	▲0.07
日本女子大学	5.01	1.84	3.17	3.78	2.11	1.67
京都女子大学	0.51	1.84	▲1.33	1.82	2.11	▲0.29
神戸女学院大学	0.61	1.84	▲1.23	2.54	2.11	0.43
⑤日東駒専（4校）						
＊日本大学	0.66	0.58	0.09	▲0.28	1.70	▲1.99
東洋大学	3.82	0.58	3.25	3.61	1.70	1.91
駒澤大学	▲3.30	0.58	▲3.88	3.62	1.70	1.92
専修大学	1.12	0.58	0.55	▲0.14	1.70	▲1.84
⑥産近甲龍（4校）						
京都産業大学	1.22	1.23	▲0.01	1.27	1.31	▲0.05
＊近畿大学	1.09	1.23	▲0.14	2.33	1.31	1.02
甲南大学	0.59	1.23	▲0.65	0.43	1.31	▲0.88
龍谷大学	2.04	1.23	0.80	1.23	1.31	▲0.08
⑦大東亜帝国（5校）						
大東文化大学	0.02	1.17	▲1.15	0.53	1.15	▲0.61
＊東海大学	0.58	1.17	▲0.60	0.67	1.15	▲0.48
亜細亜大学	0.71	1.17	▲0.47	1.58	1.15	0.43
＊帝京大学	0.93	1.17	▲0.24	1.92	1.15	0.78
国士舘大学	3.62	1.17	2.45	1.03	1.15	▲0.12

（注）短期資本コストはグループごとのROEの平均値，長期資本コストはグループごとの平均成長率の平均値を意味する。単位：%

図表1－10　短期資本コストを基準にしたＲＯＥのグループ別乖離（2018年度）

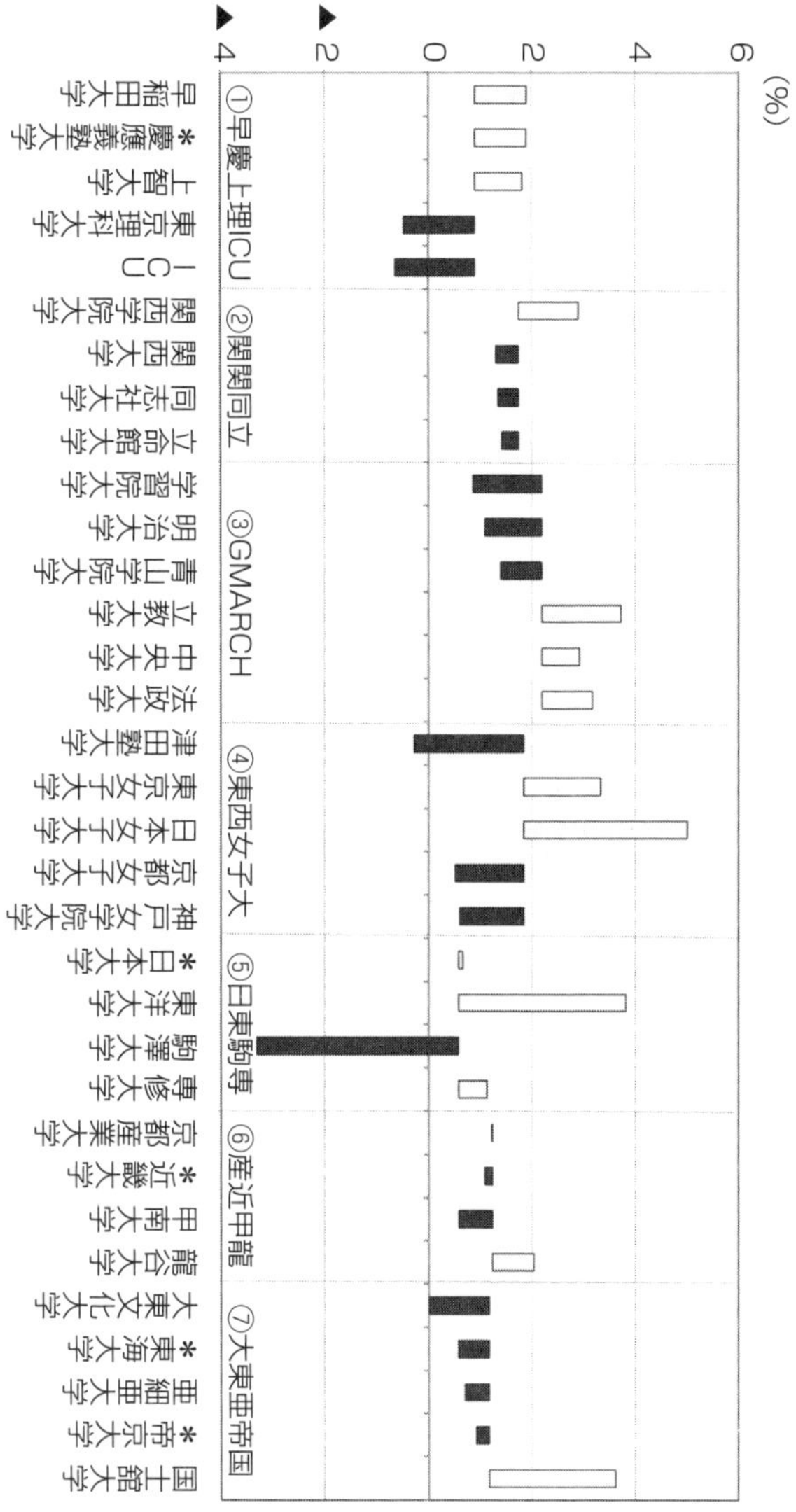

図表1−11　長期資本コストを基準にした平均成長率のグループ別乖離（2018年度）

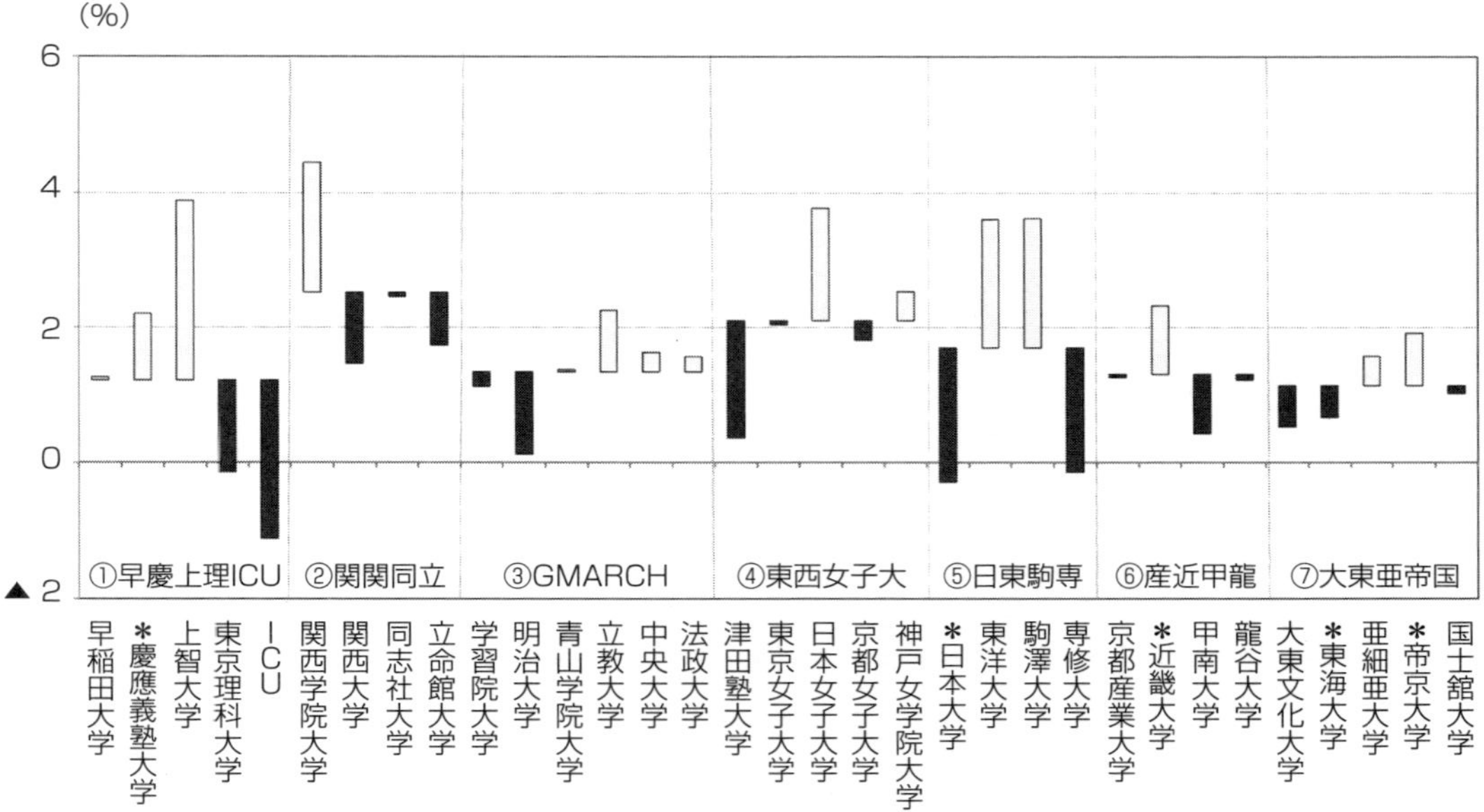

図表1－10と図表1－11では短期資本コストと長期資本コストに分けながら、ＲＯＥならびに平均成長率の乖離の状態をローソク足で描いている。始値が資本コストであり、終値がそれぞれの財務指標となっている。

陽線（白棒）はそれぞれの資本コストを上回った状態を表し、逆に陰線（黒棒）はそれを下回っている。これらの指標を眺めることで、ステークホルダーの要求に応えているか否かがわかるだけでなく、ライバル大学間の相対的な位置づけも明確になる。その時、中間目標としての学納金率と人件費率についても十分に意識せざるを得なくなるであろう。

（3）具体的な改善策

成長の源泉は収支の余剰にあり、ＲＯＥを決定づけるのが学納金率と人件費率となる。したがって、学納金、人件費、そして全収入の3要因を動かすことで余剰が生み出され、持続可能な成長が達成可能となる。

だが、大学を取り巻く環境を眺めれば学納金の拡大は難しく、それを除く他の要因も期待しにくい。財政赤字に苦しむ国の予算から補助金は削減される方向にあるうえ、長引く超低金利の運用環境から投資収入は低迷するばかりである。景気の拡大が見込めない状況のもとでは、寄付金の獲得もそれほど頼るわけにはいかない。

そうすると、人件費に手を付けざるを得なくなる。しかし、主要私立大学の運営は安易に人件費の削減に結びつけにくい環境に置かれている。1960年代の高度成長期に浸透した終身雇用、年功序列、企業内組合という人事システムが、半世紀以上経ったいまも大学にしっかりと根付いている。強い追い風に支えられた頃ならばうまく機能した制度であっても、逆風が吹き荒れる今日の状況下では徐々に馴染みにくくなっている。

しかも、大学では一般企業と異なり、教員組織で構成された教授会そして労働組合が経営に強く関与する特徴がある。重要な教員ポストのほとんどが選挙で選ばれる特殊な人事システムも、両者を強く結びつけている。

そのなかで、政府は若手研究者支援の総合対策として、大学の教員採用に活路を見出そうとしている。具体的に40歳未満の若手大学教員の割合を3割以上に高める目標を打ち出している。従来の雇用システムに基づけば、定年の引き下げを実行せざるを得ない大学が続出するかもしれない。そうでなければ、終身雇用とは違う短期契約の教員を増やすことになる。

目まぐるしく展開する厳しい状況のなかで、経営者は最終的に人件費にも勇猛果敢に切り込んでいかざるを得なくなる。だが、意地の悪い見方をすれば、経営者も周りから嫌われる仕事をわざわざ進んで取り組もうとしない。一般企業と異なり、ステークホルダーからの要求もガバナンス機能も相対的に弱いので、収支が赤字でなければそれで良いと考えるであろう。

そうした緩慢な動きを阻止するためにも、本章で唱える資本コストの導入は、有効な機能をもたらす。自校のＲＯＥだけを見るのではなく、ライバル校のＲＯＥも注視しなければならないからだ。その値を下回れば、大胆な動きに転じていかざるを得ないと思われる。

第2章　国立大学法人の財務分析

第1節　国立大学法人の経緯

国立大学法人は、2004年4月に従来の国立大学から組織を改め独立行政法人として出発した。大学共同利用機関法人も含めて、国立大学法人等とも呼ばれている。設立の目的は「大学の教育研究に対する国民の要請にこたえるとともに、我が国の高等教育及び学術研究の水準の向上と均衡ある発展を図る」ことと定めている（国立大学法人法第1条）。設立にあたって3つの視点から充分な検討が重ねられてきた。それは「視点1：世界水準の教育研究の展開を目指した個性豊かな大学」、「視点2：国民や社会へのアカウンタビリティの重視と競争原理の導入」、「視点3：経営責任の明確化による機動的・戦略的な大学運営の実現」である（国立大学等の独立行政法人化に関する調査検討会議（2002）参照）。

まさに、将来の大学像を明確に定めながら新制度として発足したのが、国立大学法人である。理念を追求しながら着実に運営するには、新制度に則した独自の会計処理が必要である。その条件を満たすように新たに設けられたのが「国立大学法人会計基準」である。

国立大学法人が設立されてから今日に至るまで、かなりの時間が経過している。その期間にわたってどのような変化が見られたのであろうか。組織の動きを明らかにするには財務データを丁寧に追っていくのが一番わかりやすい方法である。そこで、長期にわたる財務データを用いながら、国立大学法人の特徴を確認していきたい。

その際、学校法人の私立大学と比べるのがよい。同じ大学であっても設立の趣旨が違っているだけでなく、会計基準も違っている。本章ではそうした視点に立ちながら、国立大学法人の姿を追っていきたい。

第2節　国立大学法人の会計制度

(1) 損益均衡を前提とした会計処理

国立大学法人の財務分析を行ううえで留意しなければならないのは、一般の民間企業だけでなく学校法人の私立大学と比較しても会計処理がまったく異なる点である。どちらも損益計算書と貸借対照表を通じて組織の実態を報告することには相違ない。

だが、国立大学法人は公共的な性格を持ち、利益の獲得を目的としない組織である。そのため、民間組織のように財政状態や経営成績を開示するのではなく、中期計画・年度計画に基づく運営状況を報告しているに過ぎない。

そのことを表わす典型的な事例として、費用の扱い方が挙げられる。国立大学法人の費用は、教育研究に関わる国の事業を確実に実行するためのものとして位置づけられている。収益はそれを賄うものとして存在するので、基本的に損益が均衡するように構築されている。そのため損益計算書では通常の場合と異なり、最初に経常費用を取り上げ、次に経常収益が示されている。経常費用と経常収益の位置が逆転しているのはこうした理由にある。

国立大学法人の会計で大きな位置を占める運営費交付金の扱いも、損益が均衡するように会計処理が行われる。受入れは教育研究に関する業務実施の義務を意味するため、最初、負債（運営費交付金債務）に計上する。

その後、業務の進行に合わせて収益が実現できたと考えるため、負債を収益に振り替えていく。したがって、運営費交付金の財源措置が行われる業務は、損益が均衡するようになっている。そうした会計手法を国立大学法人特有の「財源別処理」と呼んでいる。

それでも、経費節減等の運営努力が払われ、費用が削減できれば利益が生まれる。あるいは、授業料や外部資金の獲得から収益が予想以上に増えれば利益が得られる。それゆえ、「運営努力による利益」が生み出される余地が残されている。だが、基本的には損益均衡が国立大学法人の会計上の特徴といえる。

その一方で、付属病院の診療業務等では財源別処理が行われない。病院収入を財源としながら減価償却資産を購入した場合、一定期間における収益と費用が一致しないので利益が生じる。それを運営努力による利益と区別する意味から、「資金の裏付けのない帳簿上の利益」と呼んでいる。初年度は利益が発生するが、次年度以降に生じる損失と相殺される。年度を合算すれば最終的に損益が均衡することになる。

(2) 利益処分

事業年度に生み出された当期未処分利益は、2つに分けて積み立てられていく。1つは目的積立金であり、財務大臣と協議のうえで文部科学大臣が経営努力による利益として認定した金額である。この資金は中期計画で定めた剰余金の使途に従って教育・研究・診療等に使用される。もう1つは積立金である。資金の裏付けのない帳簿上の利益が、積立金として整理される。利益であっても次年度以降の損失と相殺されることになる。

6年にわたる中期目標期間の最終年度は、積立金処分が行われる。貸借対照表上の目的積立金、積立金、前中期目標期間繰越積立金を整理し、それに最終年度の当期未処分利益を加えた積立金を次期中期目標期間繰越積立金と国庫納付金に振り分ける。

財務大臣との協議のうえで、文部科学大臣が繰越承認したものが次期中期目標期間繰越積立金であり、次期中期計画に定めた使途に従って使用が認められる。それ以外のものは国庫納付金として国に返還される。

こうした国立大学法人の特殊な会計処理で注意しなければならないのは、当期未処分利益が目的積立金と積立金に分けられることである。目的積立金は経営努力による利益であり、積立金は資金の裏付けのない帳簿上の利益に基づいている。それゆえ、通常の利益に相当するのは目的積立金であり、積立金は当てはまらないことになる。

国立大学法人への移行後、最初の決算が発表された2008年8月に新聞紙上で当期未処分利益の1、103億円が一人歩きした。巨額利益が生み出されたことで、国立大学法人に対する見方が変わる恐れがでたからである。

文部科学省はすぐにホームページ上で、1、103億円の内訳を説明し、実質的な経営努力による利益はたった53億円に過ぎないことを明らかにしている。マスコミに書き立てられた誤った解釈も、特殊な国立大学法人特有の会計処理から生じたものと思われる。

第3節　主要データによる財務分析

(1) ストックとフローの推移

いままで国立大学法人の特殊な会計処理を中心に説明してきたが、2018年度の貸借対照表と損益計算書を示したものが**図表2－1**である。ここではすべての国立大学法人および大学共同利用機関法人の合計90法人を対象としている。主な科目しか取り上げていないが、大雑把ながら全体像が把握できるのではないだろうか。

図表2−1　国立大学法人の決算（2018年度）

（1）貸借対照表

資産の部	102,221
土地	48,658
建物・構築物	28,271
設備・図書等	10,049
建設仮勘定	907
現金及び預金	8,024
有価証券	2,172

負債の部	31,253
長期借入金	8,284
資産見返負債	11,490
運営費交付金債務	474
寄付金債務	3,197

純資産の部	70,968
政府出資金	61,414
資本剰余金	3,960
利益剰余金	5,594
前中期目標期間繰越積立金	4,341
内訳（現金等がない額）	内訳（4,119）
目的積立金	388
積立金	442
当期未処分利益	431

（2）損益計算書

経常費用	31,436
教育経費	1,662
研究経費	2,929
診療経費	7,505
受託研究費等	2,515
人件費	15,194

経常収益	31,825
運営費交付金収益	10,506
付属病院収益	11,457
学生納付金収益	3,475
受託研究等収益等	2,764
寄付金収益	708
施設費収益	72
補助金等収益	763

経常利益	389
臨時損失	106
臨時利益	85
目的積立金等取崩額	64
当期総利益	431

（注1）単位：億円
（注2）資料：文部科学省「国立大学法人等の決算について」。
　　　他の図表も同様の資料による。

　まず、ストックの側面から資産、負債、純資産の推移を**図表2−2**から眺めてみよう。負債と純資産を積み上げた棒グラフが資産である。これを見ると、資産は2013年度をピークに下方に向かっている。また、純資産はそれよりも1年前の2012年度から下方傾向にあるのが確認できる。

　それに対してフローの側面から経常

図表2－2　国立大学法人の資産，負債，純資産の推移

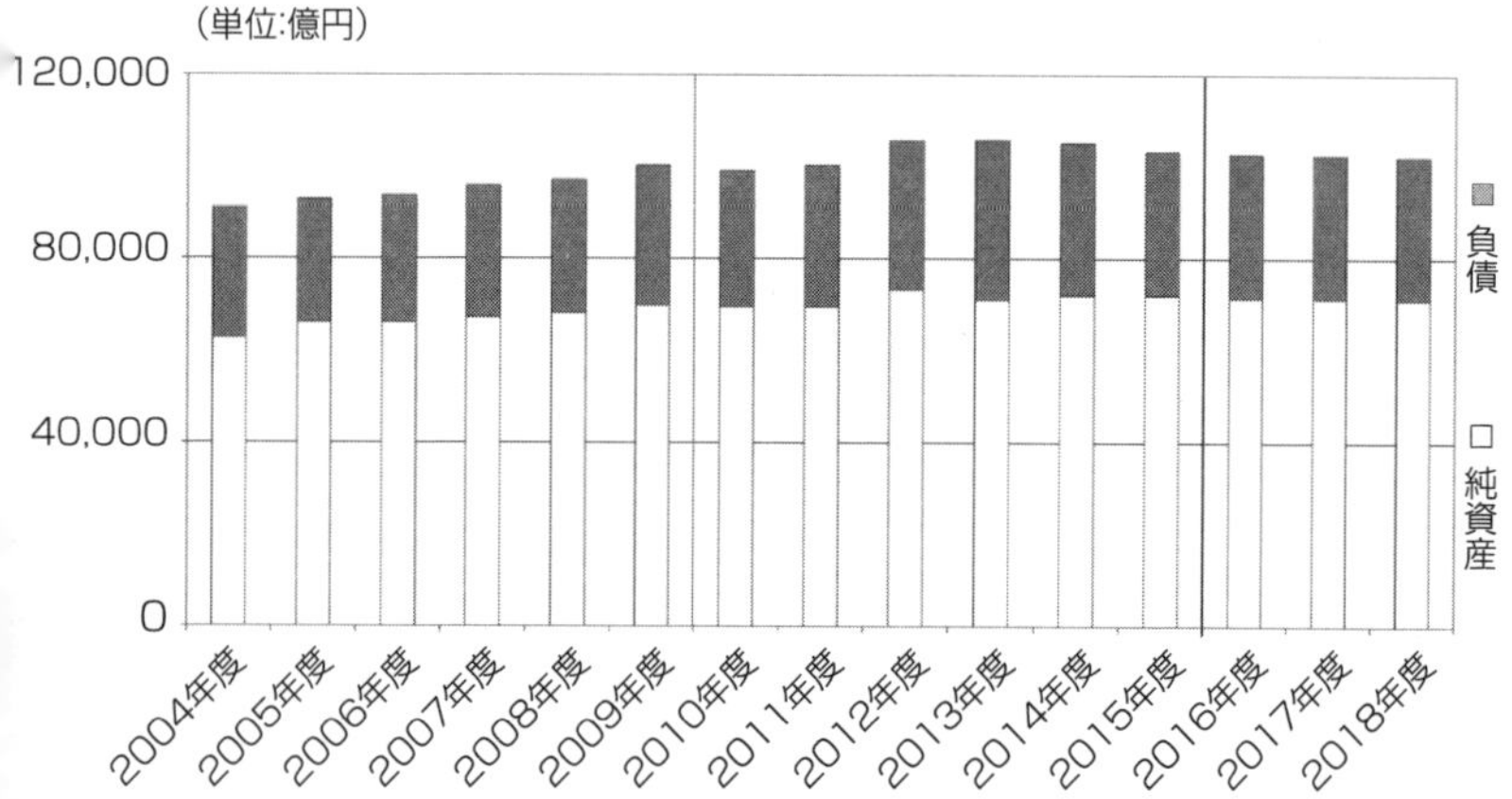

図表2－3　国立大学法人の経常収益，経常費用，経常利益の推移

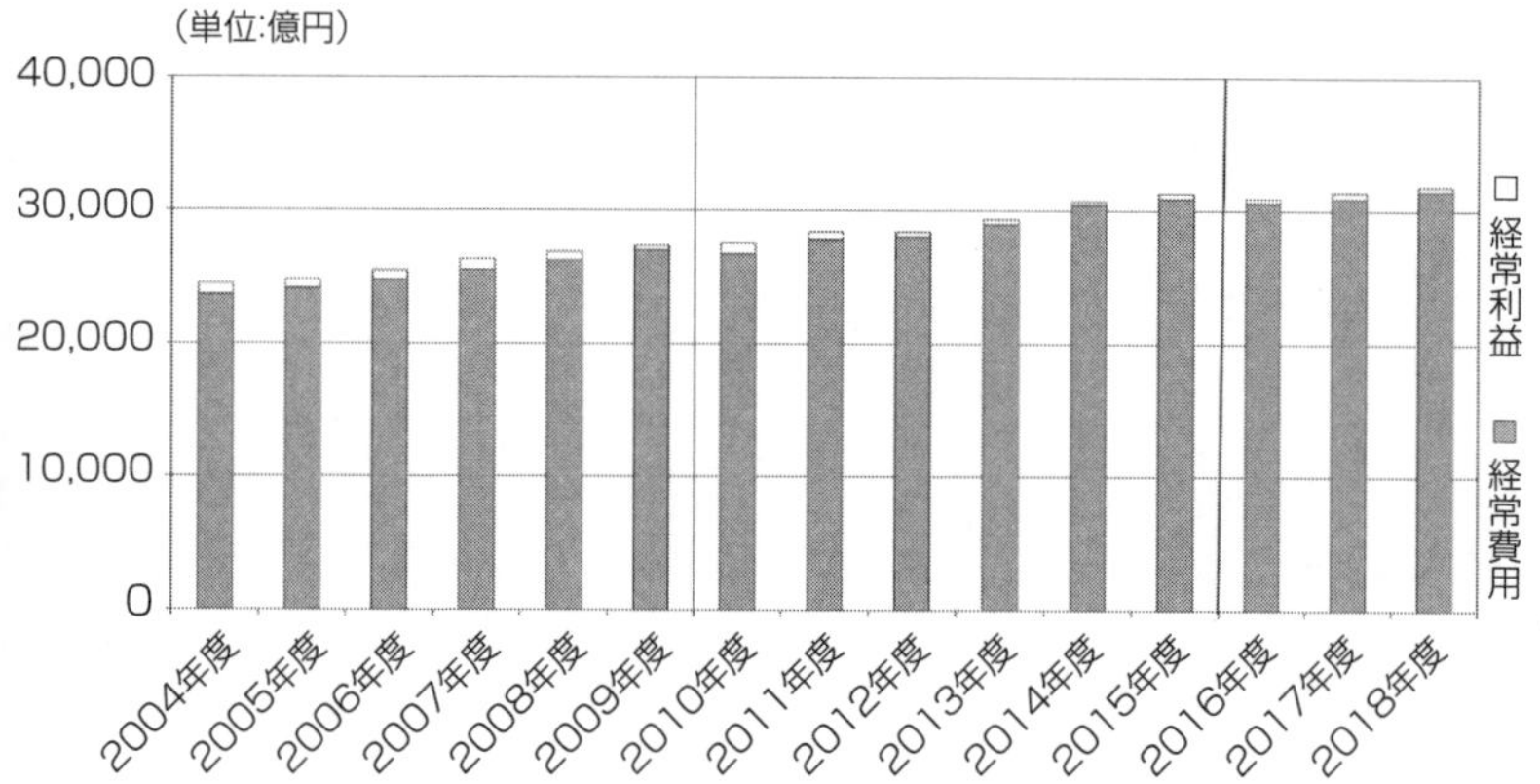

収益、経常費用、経常利益の推移を見たのが、**図表2－3**である。経常費用と経常利益を積み上げた棒グラフが経常収益である。水準そのものは下がっていないが、上昇する勢いがほとんど感じられない。

こうしてストックとフローの両面から観察する限りでは、国立大学法人が一定の水準に到達した状態にあるように思える。成長過程にあれば、ストックであれフローであれ、伸びを感じさせるデータが表れるであろう。

(2) 運営費交付金収益と自力収益

今度は見方を変え、構成要因の細部の動きに注目しよう。経常収益のなかで大きな割合を占めるのが、運営費交付金収益である。国が独立行政法人に対して負託した業務を運営するように交付されたものである。

図表2－4では運営費交付金収益の推移がまとめられている。2014年度以降に盛り上がった山が見られるが、全体的には低下傾向にある。国の予算の大幅な赤字が続くなかで、運営費交付金収益だけを増やすのは難しい。もともと行政改革の流れから生み出されたのが国立大学の独立行政法人化だから、削減傾向がこれからも続くと予想するほうが自然であろう。

さらに、運営費交付金収益の経常収益に占める割合を見たものが**図表2－5**である。その割合がほぼ確実に低下している姿が表れている。ここでは、自力収益として運営費交付金収

図表2－4　国立大学法人の運営費交付金収益の推移

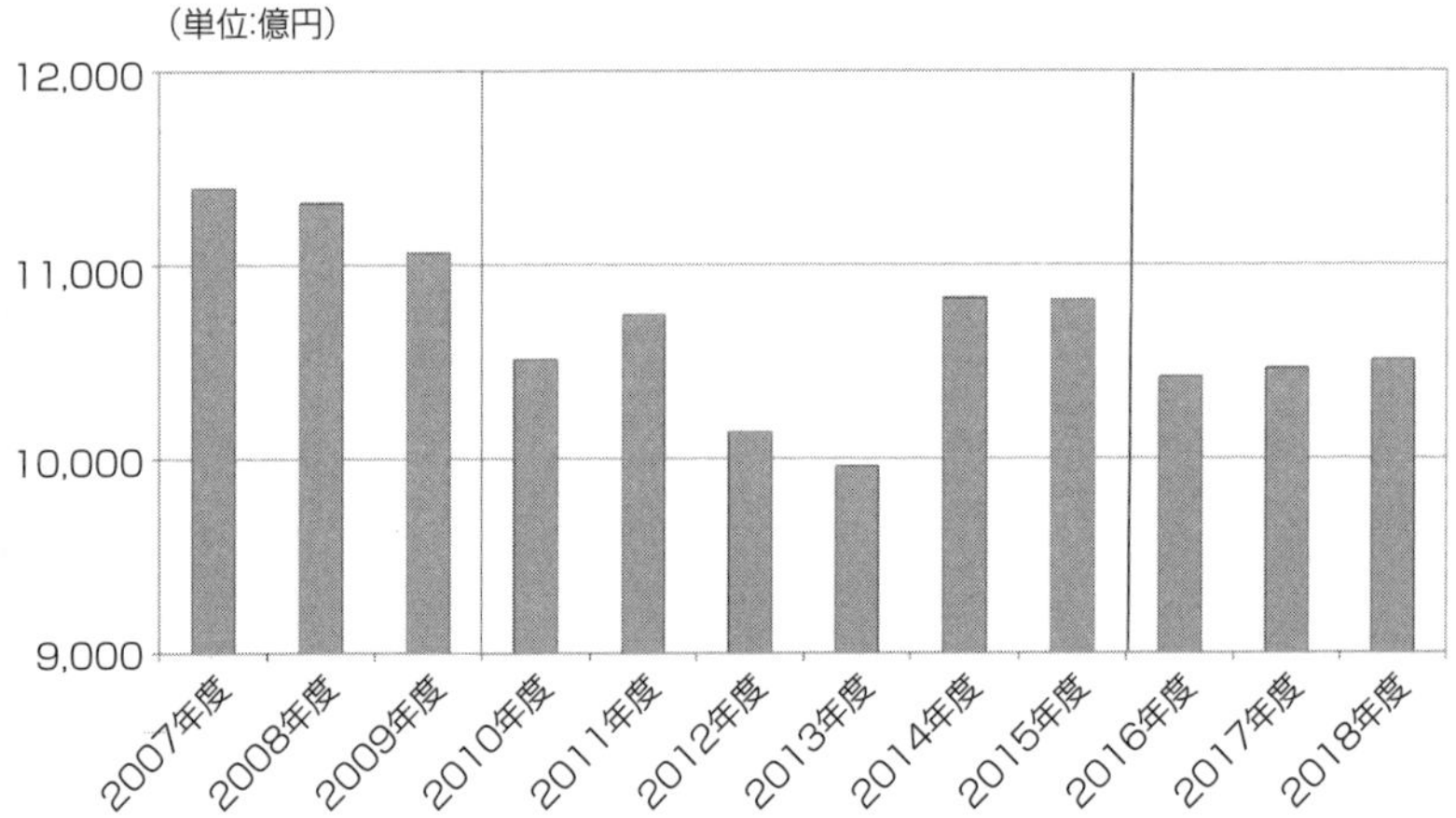

図表2－5　国立大学法人の運営費交付金収益／経常収益と自力収益／経常収益の推移

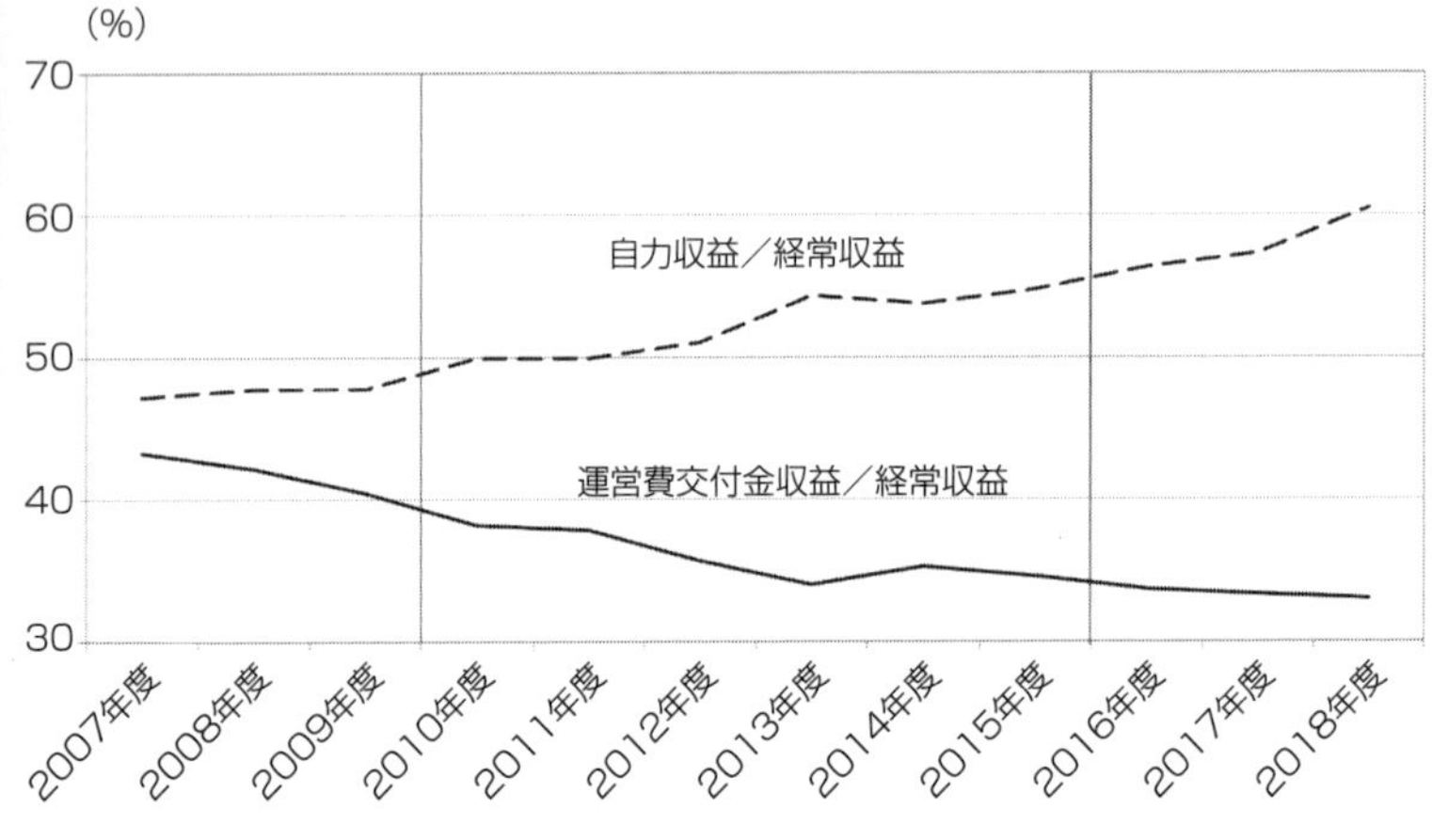

図表2－6　国立大学法人の経常利益／資産（ROA）と経常利益／純資産（ROE）の推移

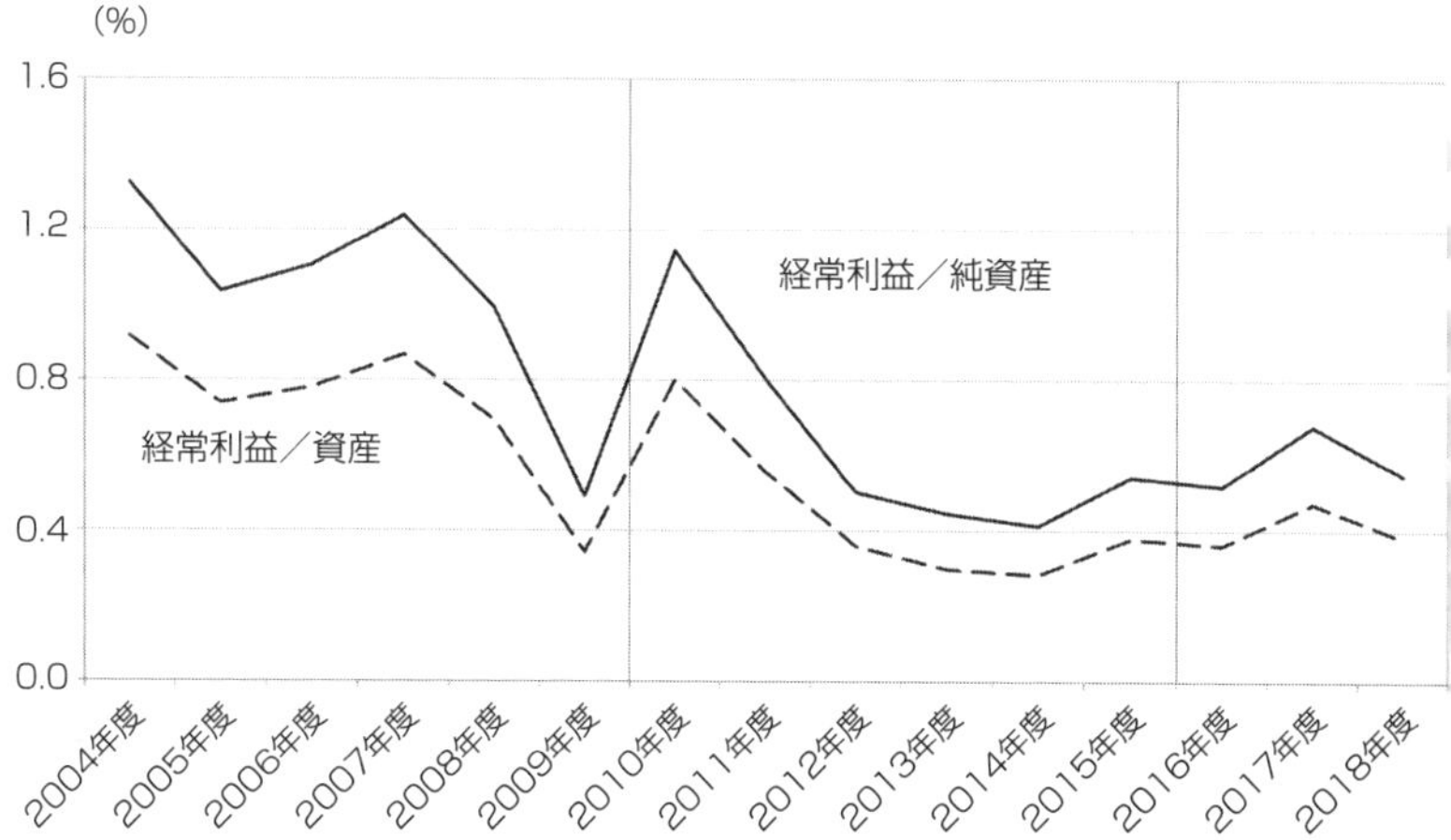

益を除いた収益の割合も示されている。付属病院収益、学生納付金収益、受託研究等収益、寄付金収益等といった独自の経営努力によって獲得した収益の割合である。

2つの動きを見ると、運営費交付金収益の割合が低下傾向にあるのに対して、自力収益の割合は対照的に上昇傾向にある。これにより国立大学法人は過去の国立大学時代と異なり、国に全面的に依存する構造から徐々に脱却しようとしていることが確認できる。

同様にして、経常費用と経常収益の差額である経常利益が資産および純資産に対してどれだけの割合にあるかを見たのが**図表2－6**である。ここでは経常利益／資産（％）をROA、経常利益／純資産（％）をROEと呼んでいる。

すでに触れたように、国立大学法人の利益は一般企業や学校法人の私立大学とは性格が違うので、こうした表現は正しいとはいえないかもしれない。ただ、便宜上、用いることにしよう。ROAであれROEであれ、どちらの指標も全体的に下方傾向にある。国立大学法人の運営の基本的な考え方は最初に経常費用が与えられ、次にそれに見合った経常収益がもたらされる。そのため、経常利益が限りなく小さくなるのが本来の姿である。その意味からも、ROAとROEが長期的に下がり続けるのは当然かもしれない。

第4節 国立大学法人のグループ別財務分析

(1) 国立大学法人の8グループ

いままですべての国立大学法人を対象にした集計データから観察してきたが、今度は見方を変えて8グループに区分したデータから国立大学法人の現状を把握していくことにしたい。なお、データは独立行政法人大学改革支援・学位授与機構のホームページ上で発表されたものである。

まず、国立大学法人の8グループは次のような分類に従っている。

①旧帝国大学(旧帝大):7校
北海道大学、東北大学、東京大学、名古屋大学、京都大学、大阪大学、九州大学

②付属病院を有する総合大学（医総大）：31校

弘前大学、秋田大学、山形大学、筑波大学、群馬大学、千葉大学、新潟大学、富山大学、金沢大学、福井大学、山梨大学、信州大学、岐阜大学、三重大学、神戸大学、鳥取大学、島根大学、岡山大学、広島大学、山口大学、徳島大学、香川大学、愛媛大学、高知大学、佐賀大学、長崎大学、熊本大学、大分大学、宮崎大学、鹿児島大学、琉球大学

③付属病院を有しない総合大学（医無総大）：10校

岩手大学、福島大学、茨城大学、宇都宮大学、埼玉大学、お茶の水女子大学、横浜国立大学、静岡大学、奈良女子大学、和歌山大学

④理工系大学（理工大）：13校

室蘭工業大学、帯広畜産大学、北見工業大学、筑波技術大学、東京農工大学、東京工業大学、東京海洋大学、電気通信大学、長岡技術科学大学、名古屋工業大学、豊橋技術科学大学、京都工芸繊維大学、九州工業大学

⑤文科系大学（文科大）：5校

小樽商科大学、東京外国語大学、東京藝術大学、一橋大学、滋賀大学

⑥医科系大学（医科大）：4校

旭川医科大学、東京医科歯科大学、浜松医科大学、滋賀医科大学

⑦教育系大学（教育大）：12校

北海道教育大学、宮城教育大学、東京学芸大学、上越教育大学、愛知教育大学、京都教育大学、大阪教育大学、兵庫教育大学、奈良教育大学、鳴門教育大学、福岡教育大学、鹿屋体育大学

⑧大学院大学（大学院大）：4校

政策研究大学院大学、北陸先端科学技術大学院大学、奈良先端科学技術大学院大学、総合研究大学院大学

（2）4種類の財務指標

8グループによる国立大学法人の財務分析を行うにあたって、ここでは人件費率、自己収入比率、教育経費率、研究経費率の4種類の財務指標を取り上げることにしたい。その定義は以下のように定めている。なお、財務指標の計算対象となる数値の出所は、略称で表示された【ＢＳ】：貸借対照表、【ＰＬ】：損益計算書、【ＯＣ】：業務実施コスト計算書に基づい

ている。

●人件費率（%）
（【PL】人件費）／（【PL】業務費計）×100

●自己収入比率（%）
（【OC】自己収入等＋【科学研究費補助金の明細】科研費等の直接経費＋間接経費）／（【PL】経常収益＋【科学研究費補助金の明細】科研費等の直接経費）×100

●教育経費率（%）
（【PL】教育経費）／（【PL】経常費用）×100

●研究経費率（%）
（【PL】研究経費＋受託研究費＋共同研究費＋【科学研究費補助金の明細】科研費等の直接経費）／（【PL】経常費用＋【科学研究費補助金の明細】科研費等の直接経費）×100

図表2－7　国立大学法人のグループ別・財務指標

（1）国立大学法人のグループ別　人件費率と自己収入比率

	人件費率			自己収入比率		
	2013年度	2018年度	増減	2013年度	2018年度	増減
① 旧帝国大学（旧帝大）：7校	45.6	45.7	0.1	60.1	63.9	3.8
② 付属病院を有する総合大学　（医総大）：31校	50.5	50.7	0.2	67.7	70.1	2.4
③ 付属病院を有しない総合大学　（医無総大）：10校	67.0	70.0	3.0	45.1	45.4	0.3
④ 理工系大学（理工大）：13校	56.1	60.3	4.2	42.8	43.3	0.5
⑤ 文科系大学（文科大）：5校	69.7	70.6	0.9	46.5	48.8	2.3
⑥ 医科系大学（医科大）：4校	42.7	43.3	0.6	76.2	80.2	4.0
⑦ 教育系大学（教育大）：12校	71.7	76.9	5.2	31.2	30.7	▲ 0.5
⑧ 大学院大学（大学院大）：4校	43.9	48.2	4.3	29.8	29.7	▲ 0.1

（2）国立大学法人のグループ別　教育経費率と研究経費率

	教育経費率			研究経費率		
	2013年度	2018年度	増減	2013年度	2018年度	増減
① 旧帝国大学（旧帝大）：7校	4.9	4.6	▲ 0.3	31.9	29.7	▲ 2.2
② 付属病院を有する総合大学　（医総大）：31校	5.4	4.3	▲ 1.1	10.7	9.5	▲ 1.2
③ 付属病院を有しない総合大学　（医無総大）：10校	14.8	13.2	▲ 1.6	14.7	13.9	▲ 0.8
④ 理工系大学（理工大）：13校	14.4	12.7	▲ 1.7	24.8	22.6	▲ 2.2
⑤ 文科系大学（文科大）：5校	15.7	14.2	▲ 1.5	9.1	9.5	0.4
⑥ 医科系大学（医科大）：4校	2.1	1.4	▲ 0.7	8.9	7.7	▲ 1.2
⑦ 教育系大学（教育大）：12校	18.8	15.3	▲ 3.5	5.6	4.4	▲ 1.2
⑧ 大学院大学（大学院大）：4校	18.1	15.9	▲ 2.2	24.2	23.0	▲ 1.2

（注1）それぞれの数値は，各グループの単純平均値を表す。
（注2）資料：独立行政法人大学改革支援・学位授与機構のホームページより作成。

（3）グループ間の特徴

これらの財務指標を8グループごとに単純平均値でまとめたものが、図表2－7（1）（2）である。2013年度と2018年度の数値のほかに、5年間の増減も示されている。

このうち図表2－7（1）は人件費率と自己収入比率の動きを示している。これを見ると、人件費率は8グループとも上昇しているが、自己収入比率は教育大と大学院大の2グループが下落している。

さらにそれぞれの増減を比較すると、旧帝大、医総大、文科大、医科大のグループは人件費率の伸びよりも自己収入比率の伸びのほうが大きいが、それ以外の医無総大、理工大のグループは逆の動きにある。

同じ国立大学法人でも医学部・病院を抱えた医療系の旧帝大、医総大、医科大は、他のグループにはない付属病院収益や診療経費等が財務指標に大きな影響を及ぼす。とりわけ、付属病院収益が自己収入比率の引き上げに貢献するので、他のグループと違った動きを取りやすい。

大雑把に全体を眺めれば、人件費率とともに自己収入比率も伸びているように見えるかもしれない。だが、医療系を除く国立大学法人全体では、人件費率の上昇を充分に吸収するほど自己収入比率の伸びがあまり期待できないようにも感じる。

また、国立大学法人グループでの格差も懸念される。医療系グループとそれ以外のグループとの格差だけでなく、グループ全体でも格差が広がる動きが見られる。

図表2−8　国立大学法人の人件費率と自己収入比率の散布図

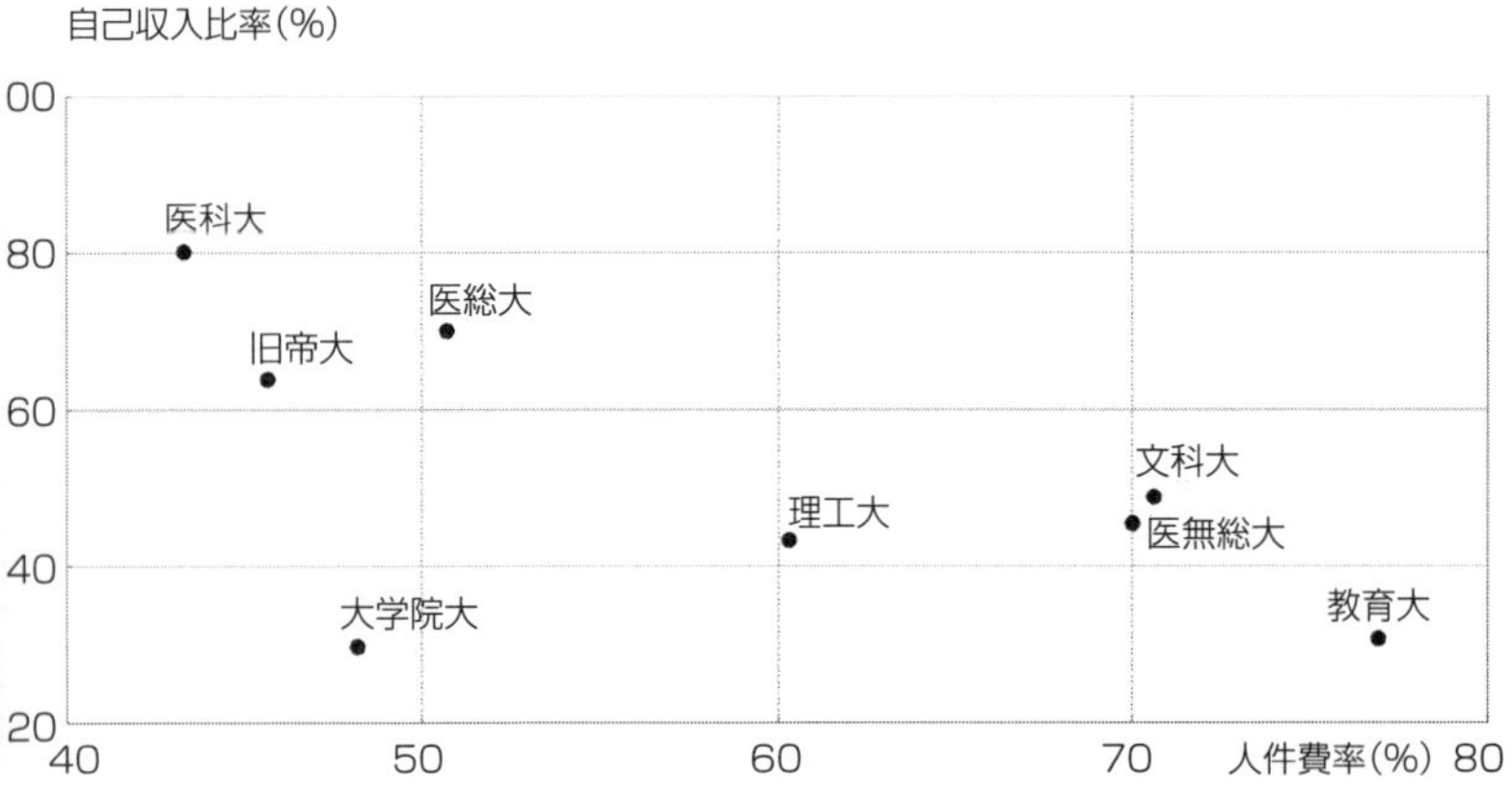

図表2−8は、2018年度の人件費率と自己収入比率の散布図を描いたものである。これを見ると、負の相関が確認できる。医療系グループがこの傾向を強めていることは事実であるが、多くを占める他のグループも同じ傾向が読み取れる。

そうであれば、人件費率が高いところほど自己収入比率が低く、逆に人件費率が低いところは自己収入比率が高くなる。この傾向が続けば、次第に財務上の格差が広がることが予想される。

大学の運営にとって、費用の増大とともに収入も着実に伸びていけば好ましいが、収入が低迷すれば行き詰まってしまう。教育研究活動を高めていくには費用の増大を伴うが、収入がそれに見合った動きをしない限り、持続可能な発展は難しい。

人件費率ばかり上昇し、自己収入比率がそれに追い付かなければ、時間の経過に伴ってさまざまな側面から変化を余儀なくされる。そうした財務面での厳しい制約は、大学本来の使命である教育・研究活動にもしわ寄せが及んでいく。

そのことを表しているのが**図表2－7（2）**であり、教育経費率と研究経費率の数値が示されている。5年間の動きを見ると、グループにかかわらず2つともほとんどが低下している。自己収入比率が上昇しているグループでも、教育経費率と研究経費率を下げざるを得ない状況に陥っているのが確認できる。

いかなる国立大学法人であれ、教育経費と研究経費を引き上げることで、国民の期待に応えた教育・研究活動を展開したいと考えているであろう。だが、残念ながらデータを見る限り、抑制傾向にあることがうかがわれる。やはり収入面の制約がかなり作用しているように思われる。

第5節　国立大学法人の経営モデル

(1) 基本モデル

第3節では、国立大学法人全体の数値から、ストックとフローの財務指標そして運営費交付金収益と自力収益の動きを捉えてきた。続く第4節では、国立大学法人を8グループに区分しながら、人件費率と自己収入比率の相関関係や、教育経費率と研究経費率の動きについ

図表2－9　国立大学法人の経営モデル

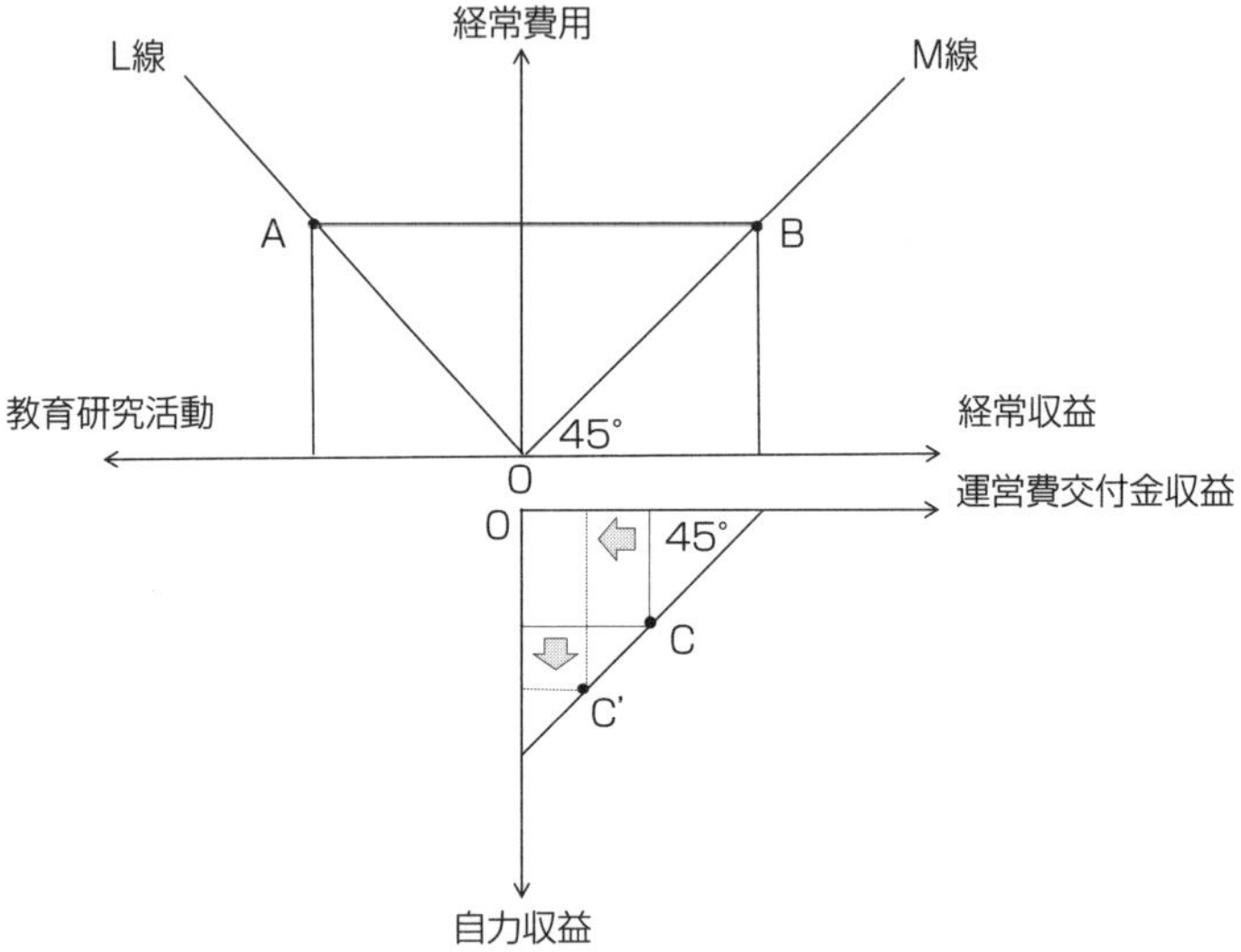

て観察してきた。
　これらのデータを観察する限り、国立大学法人はある一定の規模に到達したように感じられる。設立当初の目標から次の新たな目標に向かう段階にあれば、規模の拡大が鮮明に表れてもおかしくないからだ。
　だが、代表的な財務データを時系列的に並べればわかるように、将来に向けた成長が明確な形で表れないのが現状である。そこで、次に国立大学法人の特徴をつかみながら単純な経営モデルを構築し、成長に向けた条件を探っていきたい。
　図表2－9は国立大学法人の経営モデルを描いたものである。この図のL線は、教育研究活動と経常費用の関係を示している。教育研究活動の拡大が必要であれ

ば、それに伴って経常費用を増やしていかなければならない。それゆえ、正の関係が成立する。

それに対して、経常費用と経常収益の関係を表すM線は45°線となっている。経常費用が与えられると、それと同額の経常収益がもたらされるのが国立大学法人の仕組みとなっているからである。

したがって、L線上のA点が定まると、M線上のB点も同時に決定づけられる。ここでは、下方に経常収益を形成する運営費交付金収益と自力収益の関係が描かれている。

例えば、C点からC'点に移動した場合、運営費交付金収益が減少し、それを埋め合わせるように自力収益が増えていく。ただし、経常収益そのものは変わらない。与えられた経常収益を形成する2つの配分が変わるだけである。

(2) 経営努力の成果

本来、経常費用と経常収益が一致するように予算が組まれているが、費用削減努力が実れば経常費用が減少する。そのことを描いたものが**図表2−10**である。

当初の予算ではL線上のA点とM線上のB点が予想されているが、運営していく過程でL線は費用削減努力の成果からL'線にシフトし、同じ教育研究活動を実行するのに必要な経常費用はA'点あるいはB'点に相当するところまで下げることが可能となる。

図表2－10　費用削減の効果

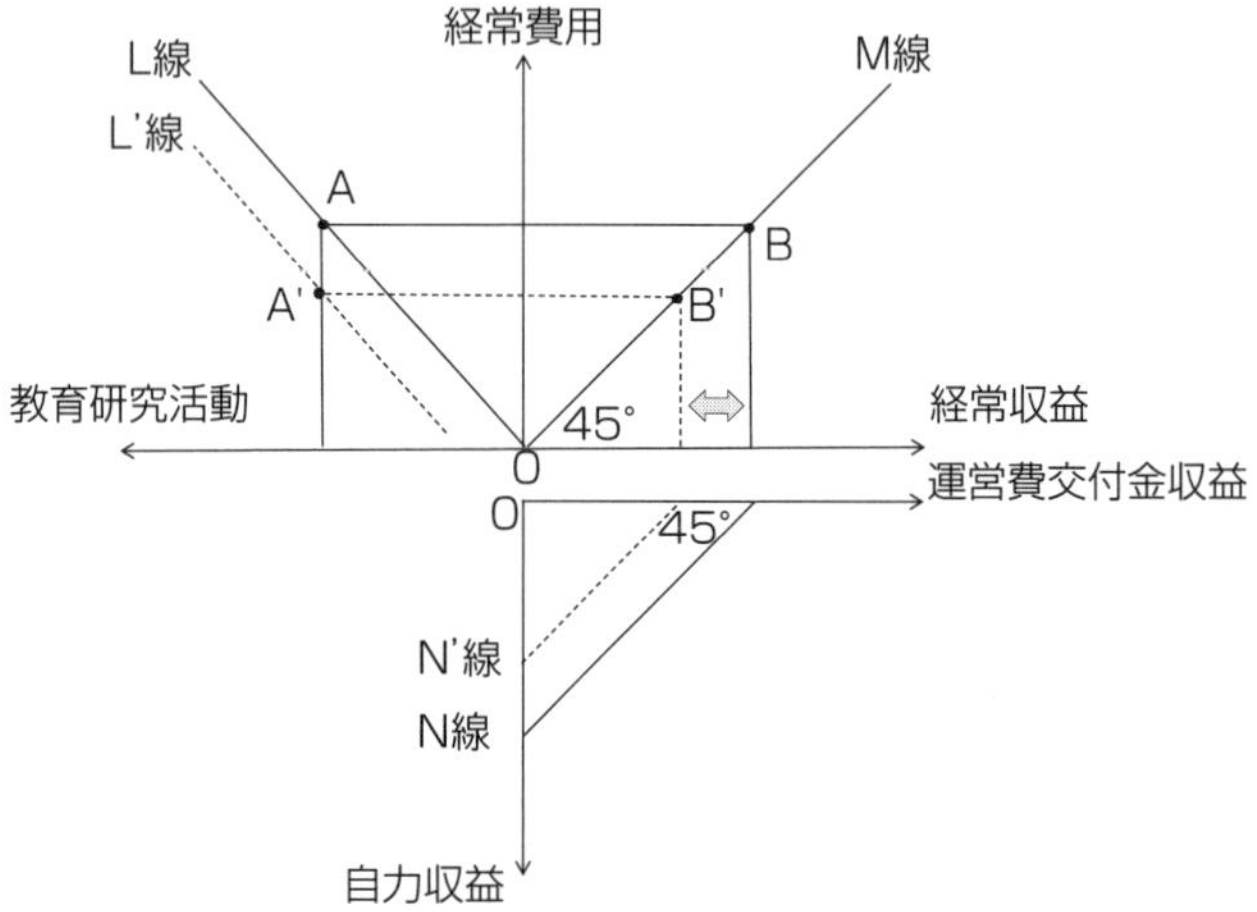

そうすると、当年度は予算で定められた当初の経常収益と費用削減努力が実った経常費用の間に経常利益が発生する。経営努力による利益の発生である。恐らく、利益が発生するのであれば、次年度以降の予算では経常収益が削減させられるであろう。

当初の教育研究活動を実行するうえで必要な経常費用が予想したものよりも少なくて済むからである。そうであれば、その分だけ経常収益を下げざるを得ない。その時、運営費交付金収益の引き下げが実施されるであろう。ここでは下に描かれたN線のN'線へのシフトで示されている。

経営努力による利益の発生は、費用削減だけではない。当初の予算を上回る経常収益の拡大も同様の効果をもたらす。**図表２－11**はそうした状況を描いたものである。

図表2－11　収益拡大の効果

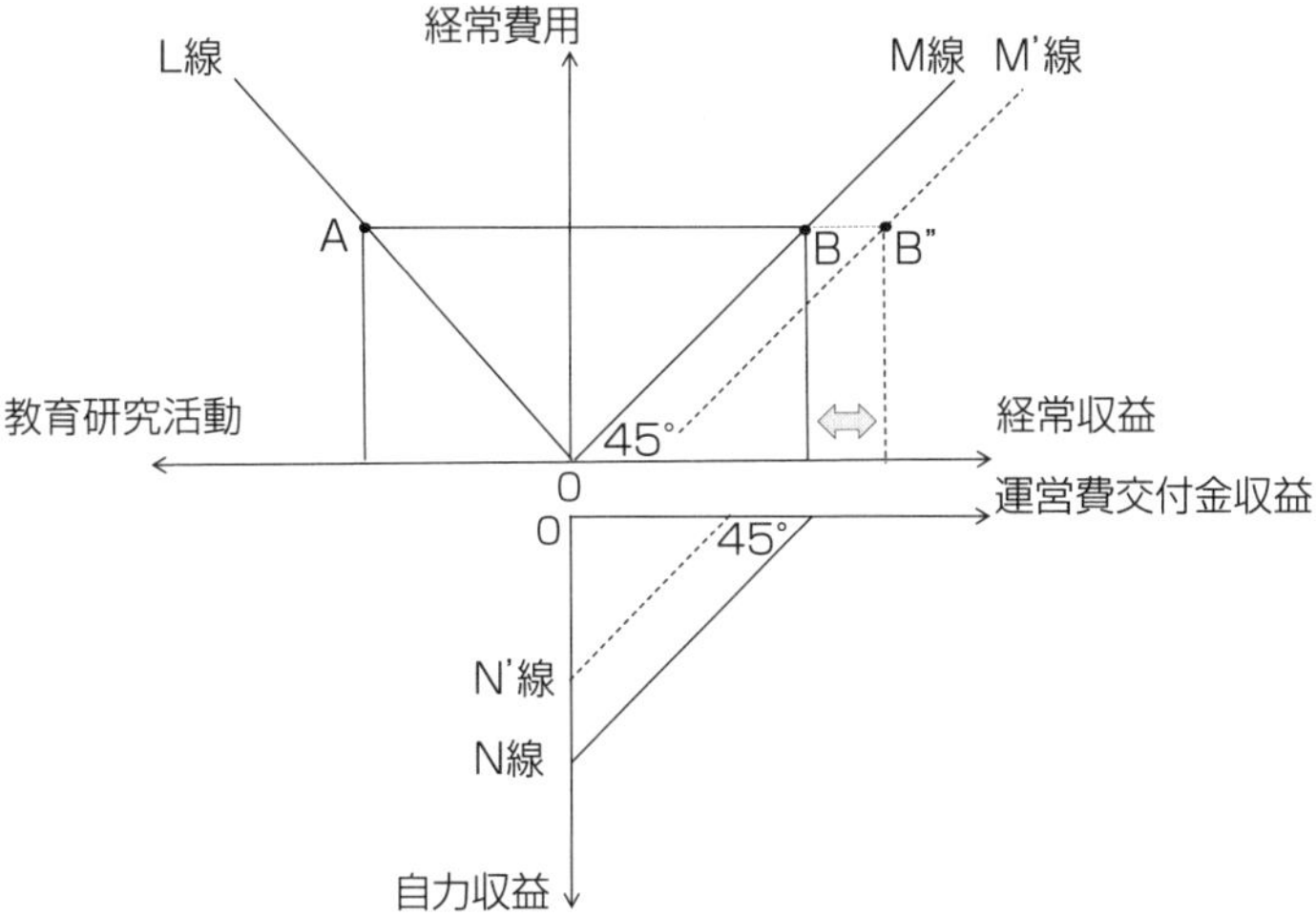

図表2－12　費用削減と収益拡大の合併効果

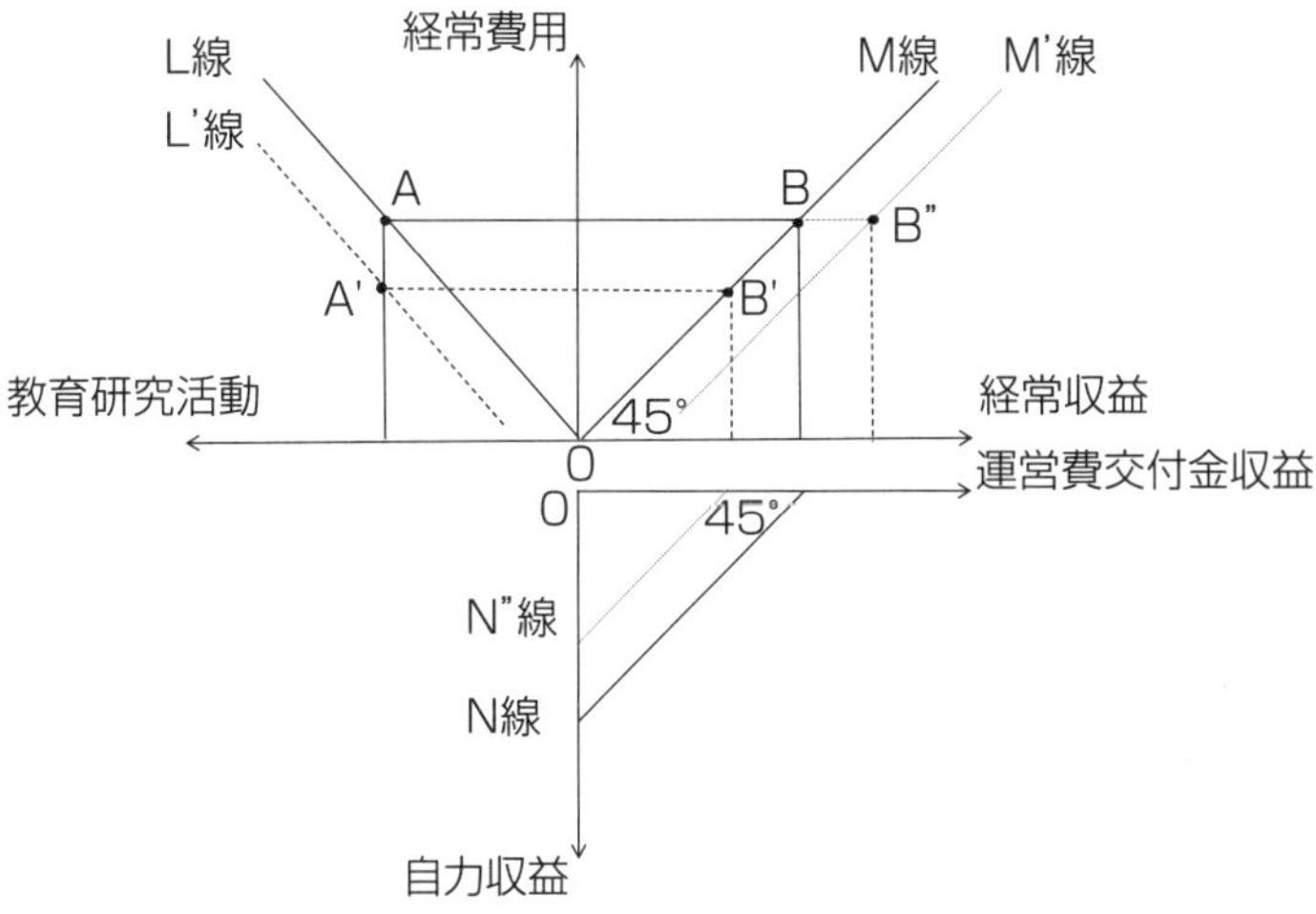

経常収益が当初の予算よりも増えたケースであるため、経常費用と経常収益の関係を示すM線は右にシフトしM'線となる。この場合、経営努力による利益がB点とB"点の幅に相当するだけ発生する。

だが、翌年度以降は利益が生み出されるので、運営費交付金収益を引き下げることになろう。そうすると、経常収益は縮小するので、下に描かれたN曲線はN'曲線へシフトしていく。**図表2－12**は、費用削減と収益拡大の2ケースを一緒に描いたものである。経営努力による利益の発生は2つの効果が合わさって発生するので、この図が本来の姿を現しているといえる。その時のN線はさらにシフトしたN"線となる。

第6節　健全な発展の条件

(1) 最善のケース

国立大学法人の財務分析を通じて気づく最大の特徴は、資本蓄積が行われないことである。一般企業であれ学校法人の私立大学であれ、毎期ごとに利益を生み出し、一部が資本蓄積に向かっていく。これにより組織が拡大していく。

ところが、国立大学法人の会計は経常経費に見合った分の経常収益しかもたらされないので、基本的に利益が得られない構造となっている。それゆえ、資本の蓄積は行われず、ゼロ

図表2－13　国立大学法人の成長モデル

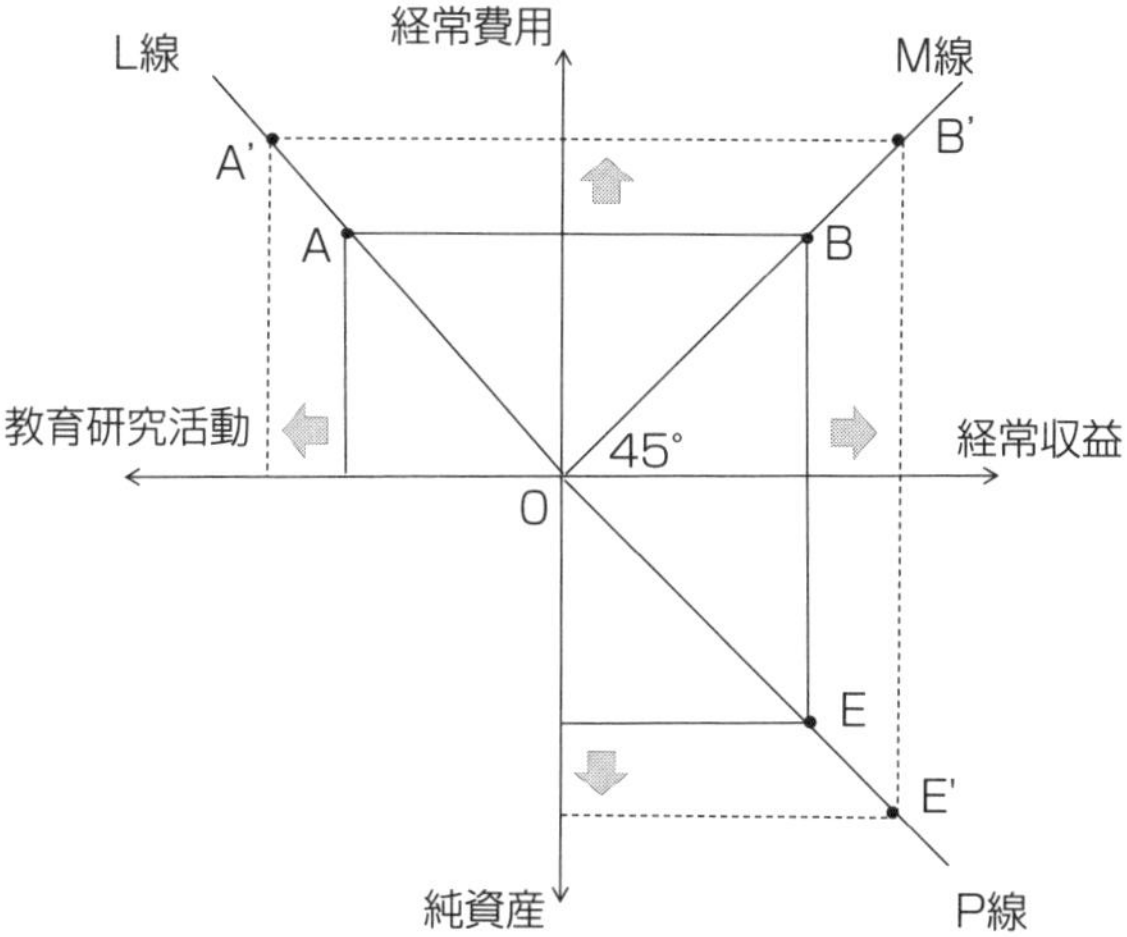

成長の組織が大前提となる。

もし教育研究活動をさらに促進させようとすれば、国からの援助が必要となる。だが、今日の国の財政事情から判断すれば、運営費交付金収益に全面的に依存するのはかなり難しい。

代替的手段として自力収益の拡大が考えられる。実際、この方向に進んでいるのが現状であろう。それでも長期的に見れば難しい。自力収益を増やそうとしても資本が一定である限り、いずれ行き詰まってしまうからである。

国立大学法人が持続的な発展を遂げるには、ある程度の資本蓄積が必要である。**図表2－13**はそうした状況を描いている。この図では、いままでの経営モデルに経常収益と純資産との関係を示すP線が新たに加えられている。純資産が増えない限り、経常収益を増やせないと想定している。だから両者は正の関係が成立している。

最初にL線上のA点、M線上のB点が与えられているとしよう。つまり、教育研究活動とそれに必要な経常費用が与えられ、次にその資金を満たすための経常収益がもたらされている。その場合、純資産から生み出される経常収益がE点によって決定づけられる。

そうしたなかで教育研究活動を拡大させようと試みたとしよう。その場合、A'点から経常費用も増やさなければならない。その条件を満たすには、経常収益をB'点に対応するところまで増やしていく必要がある。そのためには純資産をE'点に至るまで拡大していかなければならない。

A点・B点・E点からA'点・B'点・E'点に向かって国立大学法人が成長していくための前提条件は、純資産の増大である。純資産の成長がない限り、教育研究活動の拡大は難しい。その条件を満たすには、利益を積み重ねていくしか最善の方法はないであろう。

(2) 最悪のケース

だが、現状のシステムのもとでは利益が生み出されないので、純資産は増えていかない。厳しい制約のなかで教育研究活動を拡大させたら、どのような結果に陥るであろうか。**図表2-14**はそうした状況での国立大学法人を描いたものである。

初期点としてA点・B点・E点が与えられていたとしよう。次にA'点に位置づけられるまで教育研究活動を拡大し、それに応じて経常費用も増やしていったとする。だが、純資産が一定

図表2−14　国立大学法人の縮小モデル

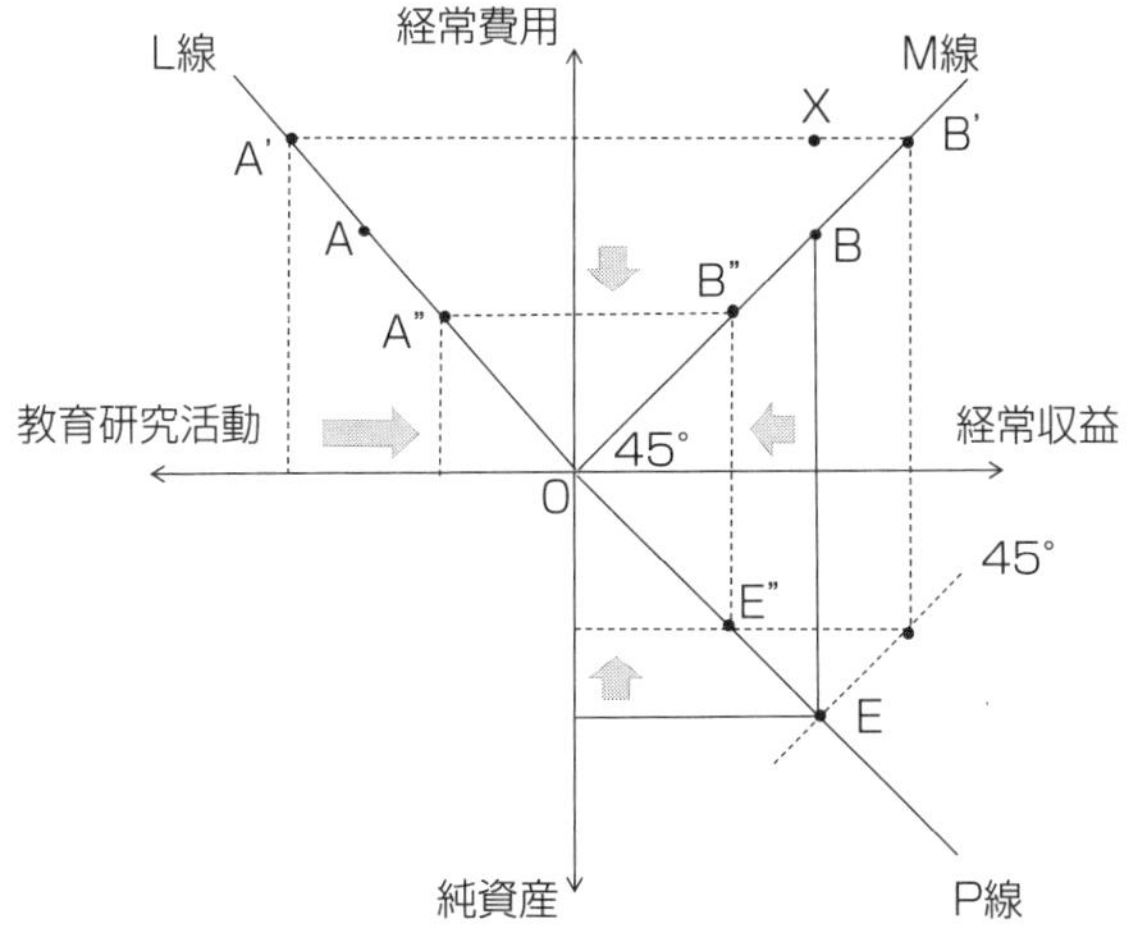

の状態で経常収益の増大は難しいので、経常費用と経常収益の関係はX点で決定づけられる。

そうすると、X点とB点の幅、同じことであるが、X点とB'点の幅だけ経常費用が経常収益を上回るので損失が発生する。そのことは資本の毀損となるため、補助線として引かれた45°線から明らかなように、純資産はE点からE"点に位置づけられたところまで減ってしまう。

純資産の減少は経常収益を引き下げるので、損失の発生を食い止めるには次期以降、経常費用に制約を課す必要がある。それがB"点である。そのことは教育研究活動にも制約が課され、A"点に対応するところまで引き下げられる。

結局、教育研究活動を拡大させようとすると、最終的に初期の状態よりも下がってしまう。純資産を増やせないどころか、逆に毀損させるからである。したがって、利益を生み出さない構造のなかで教育研究活動を無理に拡大させれば、時間が経過するにつれて経営を一層悪化させることになる。

第7節　国立大学法人の限界

(1) 純資産の構成要因

国立大学法人の財務分析を通じて理解できたことは、恐らく一般企業や学校法人の私立大学に比べてまったく異なった会計制度のもとで運営されていることであろう。経常費用が最初に与えられ、それを満たすように経常収益が決定づけられる。それゆえ、原則上、利益が発生しない。そのため、資本の拡大に結び付かないので成長しない組織となる。

それでも、決算の資料から長期にわたる純資産の動きを丁寧に見ると、わずかではあるが増大している。だが、純資産を構成する政府出資金と資本剰余金はほとんど影響を及ぼしていない。もう1つの要因である利益剰余金が引き上げているだけである。

さらに利益剰余金の構成要因を細かく見ると、かなりの割合を占めるのが前中期目標期間繰越積立金である。過去の中期計画期間に蓄積された積立金であるが、ほとんどが「現金等がない額」として報告されている。資金の裏付けのない帳簿上の利益に過ぎない。

利益剰余金を構成する次に大きな積立金も同様の内容である。唯一、運営努力による利益に相当するのは目的積立金であるが、この金額は極めてわずかである。純資産の動きだけを見るのではなく、構成要因の動きを丁寧に追っていけば、国立大学法人は実質的に資本蓄積が行われない組織であることが確認できる。なお、ここでは純資産の特徴を指摘するだけで、具体的な数値は割愛している。

(2) 会計制度の比較

それゆえ、今日の国立大学法人は資本蓄積ではなく、制度の変更を通して経常収益の拡大を目指している。例えば、授業料の抜本的な値上げを検討している。国立大学時代から教育の機会均等を旗印にしながら、学習意欲のある学生の受入体制として低い授業料を設定していた。だが、時代の変化から徐々に値上げの方向に動いている。その動きをさらに加速しようとしている。

そのほかにも、経常収益の確保を目指した試みとして、寄付金の獲得も挙げられる。積極的に大学をアピールすることで、多くの関係者に寄付金を募っている。また、研究費の獲得も幅広い分野から取り組んでいる。

その一方で、経常費用の削減も進められている。人件費は当初から低下傾向にあるが、国立大学法人同士の合併・統合を打ち出すことで、人件費だけでなくさまざまな経費を削減しようとしている。そうした合併・統合の動きは急速に広がっている。

これからも従来の枠組みを超えた大胆な試みが収益の側面だけでなく、費用の側面からも展開されるであろう。それでも、資本蓄積が行われる仕組みが組み込まれていない限り、いずれ限界が生じる。

それに対して私立大学では、毎期ごとに基本金組入が行われるようになっている。私立大学に適用される学校法人会計のもとでは、基本金が充分に蓄積される仕組みが取り入れられている。これにより、キャンパス整備等の拡充につながっていく。国立大学法人会計ではこの仕組みがないので、組織の拡大に結びつきにくい。

もちろん、国立大学法人の設立趣旨が根本的に異なっているので、会計制度が違っていても当然かもしれない。国が必要と判断する領域に教育研究活動を振り向ける目的で設立されたのであるから、資本蓄積がなくても国の保証であらゆる要求を満たすことができる。

だが、成熟した経済に達したわが国において、人々が欲する新しい領域を見つけ出すのは難しい。国が探し出すよりも市場メカニズムを活用しながら見つけ出すほうが、はるかに効率がいいであろう。その意味では、国立大学法人の役割は時間の経過に伴って弱まっていくように思える。

それでも、有益な経営資源を有する国立大学法人を長期にわたって活用しようと意図するならば、資本が着実に蓄積される独自の仕組みを取り入れていかなければならない。そう考えると、国立大学法人会計が限りなく私立大学の学校法人会計に近づいていくことが予想される。

第3章 主要私立大学の運用利回りと改善策
―米国大学寄付基金を参考にして―

第1節　資産運用の改善策

わが国の私立大学を取り巻く経営環境は、18歳人口の減少傾向から年々厳しさを増している。学生納付金に全面的に依存した収入構造を持つ限り、この問題は解消しにくい。そうであれば、補完的手段のウエイトを高めればよい。補助金や研究費の獲得などが代替手段として挙げられるが、今日では資産運用による収入確保にも注目が集まっている。

現状では運用収入の割合はわずかであるが、米国の大学を見ると、資産運用を無視して大学経営を語るのが難しいほど大きな割合を占めている。決して設立当初から資産運用に依存した経営を展開していたわけではないだろうが、長い歴史のなかで自然に生み出された手法と思われる。

そう考えれば転換期を迎えたわが国の大学にとって、資産運用を重視した米国の大学は極めて参考になるのではないだろうか。さっそく、日米の大学を比較しながら資産運用上の改善点を探っていきたい。本章では3つの改善点を指摘する。

1つは会計上の扱い方である。運用成果を表すのに米国の大学では時価を適用しているが、わが国では一般的に簿価が適用されている。有価証券の運用で含み損益が発表されているが、実現損益とは違った扱いをしている。これでは実態を反映しない。

もちろん、日本と米国の会計制度が根本的に違っているので、大学に改善を求めるわけにはいかない。だが、独自に含み損益を加味した形で作り直せば、時価での評価が可能となる。ここでは米国のように時価に転換した形式の運用利回りを求めていくことにしたい。これにより日米の大学の運用利回りが比較できる。

実際に両者の運用利回りを比較するとわかるが、日本の大学は極めて低い。それに対して米国の大学は圧倒的に高い成果を生み出している。そうした格差が生じる理由を追及することで、2つ目の改善点を指摘していきたい。それは、運用対象がまったく異なっていることにある。わが国では債券や株式といった伝統的資産が中心であるが、米国ではオルタナティブと呼ばれる非伝統的資産が積極的に組み入れられている。

わが国の大学も、高い運用成果を得ようとするならば、いつまでも伝統的資産に縛られず、新しい試みを繰り広げていかなければならない。だが、一方で不安なこともある。高いリターンを得ることは大きなリスクを負うということでもある。米国の大学は、ハイリスク・ハイリターンの運用を実行しているのに過ぎない。

もし運用に失敗すれば、損失の拡大から経営そのものが大きく揺らいでしまう。リスクを十分に意識すれば危険な運用に手を出す必要がない。そう考えるのが常識的な経営姿勢であろう。それにも関わらず、米国の大学ではハイリスク・ハイリターンという積極的な運用を取り続けている。

それは寄付基金（エンダウメント）と呼ぶ組織が大学本体とは別に設置されているからである。運用資金は寄付金から成り立っている。寄付金ならば大胆な運用が可能であり、たとえ失敗しても大学本体に大きなダメージを与えるわけではない。だからこそハイリスク・ハイリターンの運用が可能となっている。

日本の大学が高い利回りを得ようとするならば、投資対象を伝統的資産から非伝統的資産に転換する前に、寄付金から成り立つ運用組織を作る必要がある。それが3つ目の改善点である。わが国にとって寄付基金の存在はあまり馴染みがないかもしれないが、それを克服しない限り、積極的な運用は難しいと思われる。

これら3つの改善点をわが国の主要私立大学33校の運用利回りを求めながら説明していきたい。その際、全米大学経営管理者協会（NACUBO）の報告書（NACUBO Study of Endowments）のデータを参考にしながら考察していく。米国の大学基金と比較することで、わが国の資産運用の在り方も徐々に変化していくであろう。

第2節　大学の財務分析

(1) ハーバード大学の寄付基金

最初に米国で最も規模が大きいハーバード大学の寄付基金から見ていくことにしよう。**図表3－1**は、ハーバード大学の寄付基金が大学本体の財務諸表に及ぼす関係を2019年度のデータから描いたものである。寄付基金の純資産は40、929、700千ドルである。円に換算して4兆円以上の資金規模となる。

そこから生み出された投資収入が2、326、688千ドルである。利息配当金37、189千ドルだけでなく、実現益・含み益増減2、289、499千ドルも加えた金額を意味している。

このうち大学本体への支払1、908、423千ドルが発生する。このペイアウト部分は大学本体の損益計算書の寄付基金収入として計上される。事業収入計5、510、570千ドルの34・6％の割合である。それに対して授業料収入1、200、838千ドルは21・8％である。寄付基金からの運用収入が授業料収入を上回っていることがわかる。

わが国の大学では授業料収入の占める割合が圧倒的に高いのに対して、ハーバード大学をはじめとする主要な米国の大学はその割合がかなり低い。それは事業収入に占める寄付基金からの運用収入が大きいからである。このことからも寄付基金の存在が理解できる。

図表3－1　ハーバード大学の財務分析（2019年度）

（1）寄付基金の財務データ

投資収益計	2,326,688
利息配当金	37,189
実現益・含み益増減額	2,289,499
本体への支払	▲ 1,908,423
純投資収益	418,265
寄付金	613,287
その他	664,412
当年度増減額	1,695,964
純資産　2018年度	39,233,736
純資産　2019年度	40,929,700

（注）単位：千ドル

（2）キャッシュフロー計算書

教育活動によるキャッシュフロー	▲ 1,123,138
投資活動によるキャッシュフロー	639,661
財務活動によるキャッシュフロー	497,135
キャッシュフロー増減額	13,658
現預金　2018年度	144,982
現預金　2019年度	158,640

（注）単位：千ドル

（3）損益計算書

授業料収入	1,200,838
補助金	937,390
経常支出向け寄付金	472,113
寄付基金収入	1,908,423
その他	991,806
事業収入計	5,510,570
給料	2,038,478
従業員福利厚生	565,505
サービス購入費	680,691
施設設備の維持費用	379,290
その他	1,548,706
事業支出計	5,212,670
事業収支差額	297,900
事業外収支差額	304,220
経常収支差額	602,120

（注）単位：千ドル

（4）貸借対照表

現預金	158,640
固定資産	8,271,711
投資ポートフォリオ	46,723,970
その他	4,172,832
総資産	59,327,153
前受収入と他の負債	1,517,022
債券と支払手形	5,213,349
退職給付引当金	1,120,544
その他	2,199,752
総負債	10,050,667
寄付基金	40,929,700
その他	8,346,786
純資産	49,276,486

（注）単位：千ドル

図表3−2　ハーバード大学寄付基金の資産運用

	2019年度	割　合
伝統的資産		
現預金等	2,110,549	4.6
国内株式	3,593,481	7.8
外国株式	2,293,307	5.0
グローバル株式	1,660,465	3.6
新興市場株式	3,228,061	7.0
国内固定金利債券	1,505,039	3.3
外国固定金利債券	25,597	0.1
ハイイールド債券	237,008	0.5
インフレ連動債券	871,832	1.9
小　計	**15,525,339**	**33.8**
オルタナティブ資産		
ヘッジファンド	14,592,876	31.7
プライベートエクイティ	10,255,754	22.3
自然資源	1,914,055	4.2
不動産	3,610,419	7.9
その他	66,872	0.1
小　計	**30,439,976**	**66.2**
合　計	**45,965,315**	**100.0**

（単位：千ドルと%）

寄付基金の投資収入から大学本体へ支払った後も、純投資収益418、265千ドルが残っている。さらに新規の寄付金613、287千ドルが流入し、前年度の純資産39、233、736千ドルに上乗せされ、最終的に寄付基金の純資産が決定する。その資金は大学本体において貸借対照表の純資産を形成する。この場合、寄付基金の純資産が大学本体の純資産に占める割合が大きいことにも注目すべきである。

それでは大量の資金をどのように運用しているのであろ

うか。**図表3－2**はハーバード大学寄付基金の資産運用を示したものである。大雑把に2つに分けると、伝統的資産が33・8％であり、非伝統的資産のオルタナティブ資産が66・2％を占めている。

伝統的資産といっても国内の債券や株式だけでなく、海外の債券や株式にも投資している。その意味ではある程度のリスクを伴っているといえる。だが、それよりもヘッジファンド、プライベートエクイティ、自然資源、不動産などに投資するオルタナティブ資産が、国内外の債券と株式で構成される伝統的資産の2倍を占めているほうが驚かされる。

その結果、2019年度の運用利回りは6・5％が得られている。2018年度は2桁の10％であった。過去の輝かしい実績に比べると最近は低迷傾向にあるが、それでも高い運用成果を得ているのが実態である。

(2) 早稲田大学の財務分析

米国の大学では寄付基金の存在が極めて大きく、そこから生み出された運用収益が大学本体を支える構図が出来上がっている。授業料収入にそれほど依存しなくても、寄付基金がペイアウト率を上回るだけの高い運用利回りを上げれば運営できる体制が整っている。

それに対してわが国では米国のような寄付基金を備えている大学はほとんどない。存在しても規模が小さく、大学経営を支えるほどの位置づけにはなっていないのが現状である。だが、寄付基金がなくても資産運用は行っている。大学内部に留まった一時的資金を運用することで収益を得ている。

図表3－3は主要私立大学のなかでも代表格である早稲田大学（2019年度）を例にあげながら、私立大学の資産運用と財務諸表の関係を示したものである。ここでは先ほどのハーバード大学のようにあたかも寄付基金が存在しているかのような形で描かれている。貸借対照表の特定資産、その他の固定資産、流動資産の合計を運用可能資産とみなし、そこから実際に運用収益が生み出されているからだ。

運用収益の中心は利息配当金5、483百万円であり、そのほかに有価証券売却差額、有価証券処分差額、有価証券評価差額がある。これらを加えて運用収益5、320百万円が得られている。もちろん、この金額は事業活動収入の一部を構成し、年度ごとに無視できない存在となりつつある。

一方、有価証券の含み益は計上されず、**図表3－4**のように貸借対照表の注記として表されている。そこから含み益増減額1、128百万円が示されるだけである。含み益であれ実現益と同じ扱いをする米国の会計制度とはまったく異なっている。これでは運用収益だけでなく、運用利回りを計算する場合も日米の比較ができないことになる。

また、含み益は運用収益だけでなく、自己資本にも影響を及ぼす。純資産の部合計326、303百万円は簿価であり、有価証券の含み益30、910百万円を含めた金額が時価の純

図表3－3　早稲田大学の財務分析（2019年度）

（1）資産運用の財務データ

投資収益計	5,320
受取利息・配当金	5,483
有価証券売却差額	29
有価証券処分差額	▲189
有価証券評価差額	▲4
含み益増減額	1,128
有価証券の含み益　2018年度	29,781
有価証券の含み益　2019年度	30,910
当年度増減額	5,613
運用可能資産　2018年度	136,180
運用可能資産　2019年度	141,793

（注）単位：百万円

（3）事業活動収支計算書

教育活動収入計	98,948
学生生徒等納付金	66,682
手数料収入	4,142
寄付金	2,833
その他	25,291
教育活動支出計	96,024
人件費	48,942
教育研究経費	43,119
管理経費	3,929
その他	34
教育活動収支差額	2,924
教育活動外収支差額	5,844
経常収支差額	8,768
特別収支差額	599
事業活動収入合計	106,586
事業活動支出合計	97,219
基本金組入前当年度収支差額	9,366
基本金組入額	▲2,881
当年度収支差額	6,485

（注）単位：百万円

（2）資金収支計算書

資金収入の部合計	152,675
学生生徒等納付金収入	66,682
手数料収入	4,142
寄付金収入	2,813
補助金収入	12,501
その他	47,263
資金収入調整勘定	▲13,778
前年度繰越支払資金	33,052
資金支出の部合計	152,675
人件費支出	49,156
教育研究経費支出	32,878
管理経費支出	4,015
その他	56,680
資金支出調整勘定	▲10,408
翌年度繰越支払資金	20,354

（注）単位：百万円

（4）貸借対照表

固定資産	361,778
有形固定資産	244,546
特定資産	54,311
その他の固定資産	62,921
流動資産	24,561
資産の部合計	386,339
固定負債	33,637
流動負債	26,400
負債の部合計	60,036
基本金	412,641
繰越収支差額	▲86,338
純資産の部合計	326,303

（注）単位：百万円

図表3－4　早稲田大学の有価証券運用状況（2019年度）

	貸借対照表計上額	時　価	差　額
債　券	127	141	14
株　式	130	156	26
投資信託	0	0	0
貸付信託	0	0	0
金銭等の信託	99,168	130,039	30,871
その他			0
合　計	99,426	130,336	30,910
時価のない有価証券	1,014		
有価証券合計	100,440		

（注）単位：百万円

資産の部合計357、213百万円となる。したがって、私立大学の財務分析を行う場合、含み益を考慮しない限り、運用収益だけでなく自己資本についても正しい大学の姿を描くことが難しくなる。

なお、早稲田大学の有価証券投資の構成は他の大学に比べて極めて特殊である。通常は債券と株式が中心となっているが、ここでは圧倒的に金銭等の信託がかなりの割合を占めている。このことが高い利息配当金を生み出す要因になっていると思われる。

(3) 時価による運用利回りと自己資本比率

早稲田大学を例に挙げながら、資産運用が大学本体の財務諸表に及ぼす関係を見てきた。最初に運用成果を示す2種類の指標から具体的に求めてみよう。1つは直接利回りであり、もう1つは総合利回りである。直接利回りは利息配当金といったインカムゲインの成果を知る指標である。総合利回りはインカムゲインにキャピタルゲインを加えた指標である。ここでは含み益も加えることで、時価の総合利回りと呼ぶことにしよう。なお、運用可能資産は2018年度と2019年度の平均値を用いている。

直接利回り（%）＝利息配当金／運用可能資産×100
時価の総合利回り（%）＝（利息配当金＋有価証券売却差額＋有価証券処分差額＋有価証券評価差額＋含み益増減額）／運用可能資産×100

図表3－5は主要私立大学33校を対象とした直接利回りと時価の総合利回りを描いたものである。直接利回りの平均値は0.87%である。一部の大学を除けば、全体的に運用成果が低迷しているように感じられる。それでもゼロ金利時代のなかで利息配当金が得られるだけでも、十分に健闘していると捉える関係者もいるかもしれない。

だが、直接利回りはインカムゲインだけを捉えた指標なので、絶対にマイナスにはならない。真の運用利回りを見るには、やはりキャピタルゲインと含み益増減額も加えた時価の総合利回りに注目する必要がある。その指標を見ると、ほとんどの大学がマイナスの運用利回りである。平均値を求めると、▲0.34%である。

利息配当金がある程度の金額であっても総合的に捉えるとマイナスの状態にある。決算上はなかなか気づきにくいが、米国の大学のように時価で計算するとまったく違った姿が浮かび出されてくる。それがわが国の運用実態である。

先ほども指摘したように含み益増減額は運用利回りだけでなく、自己資本そして総資産にも影響を及ぼす。時価の自己資本であれ時価の総資産であれ、簿価の自己資本そして簿価の総資産に含み益増減額を加えた金額となるからだ。それゆえ、以下に定義された簿価の自己資本比率と時価の自己資本比率では異なった数値が弾き出される。

自己資本比率（簿価・％）＝自己資本（簿価）／総資産（簿価）×１００

自己資本比率（時価・％）＝自己資本（時価）／総資産（時価）×１００

図表3－6は、主要私立大学33校の簿価と時価の自己資本比率を並べたものである。両者を比べると、それほど大きな差は生じていない。含み益増減額が自己資本および総資産に対して大きな金額に達していないからである。それでも時価で計測したほうが実態を正確に表現していることは言うまでもない。

図表3－5　主要私立大学の直接利回りと時価の総合利回り（2019年度）

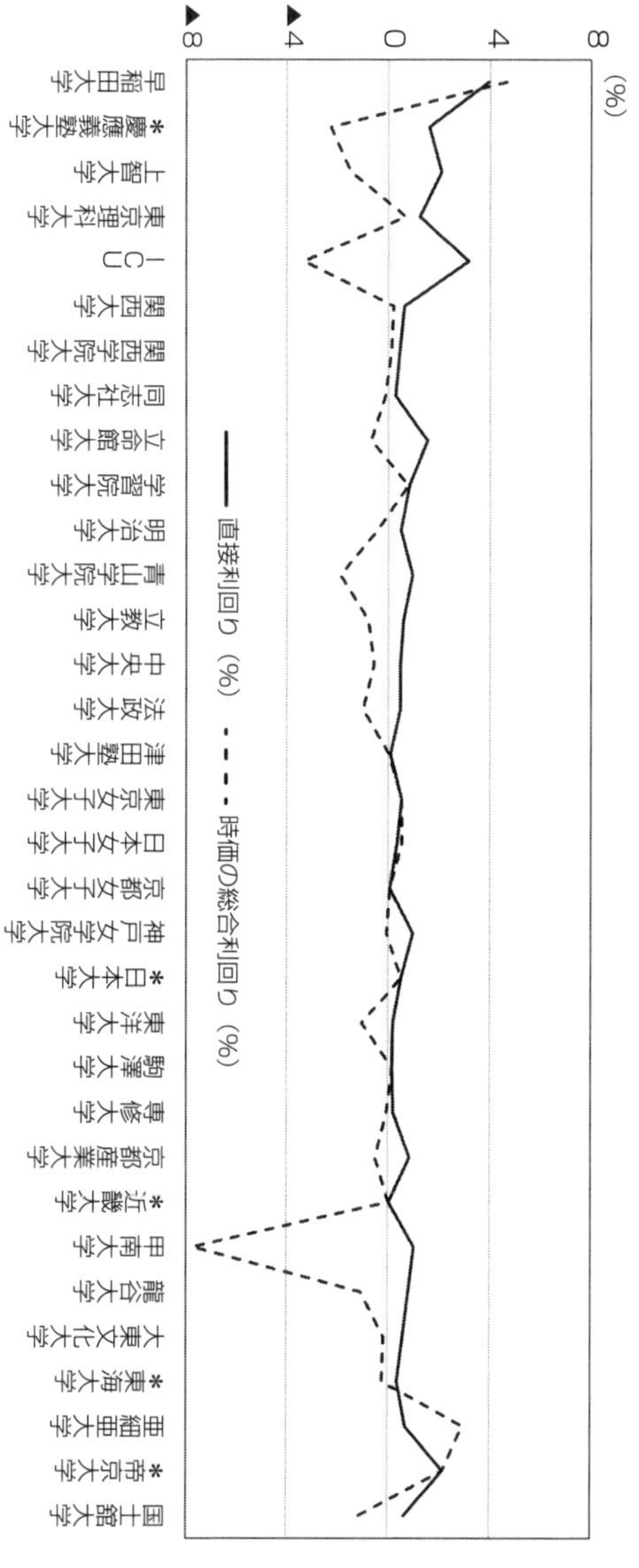

図表3－6　主要私立大学の自己資本比率（2019年度）

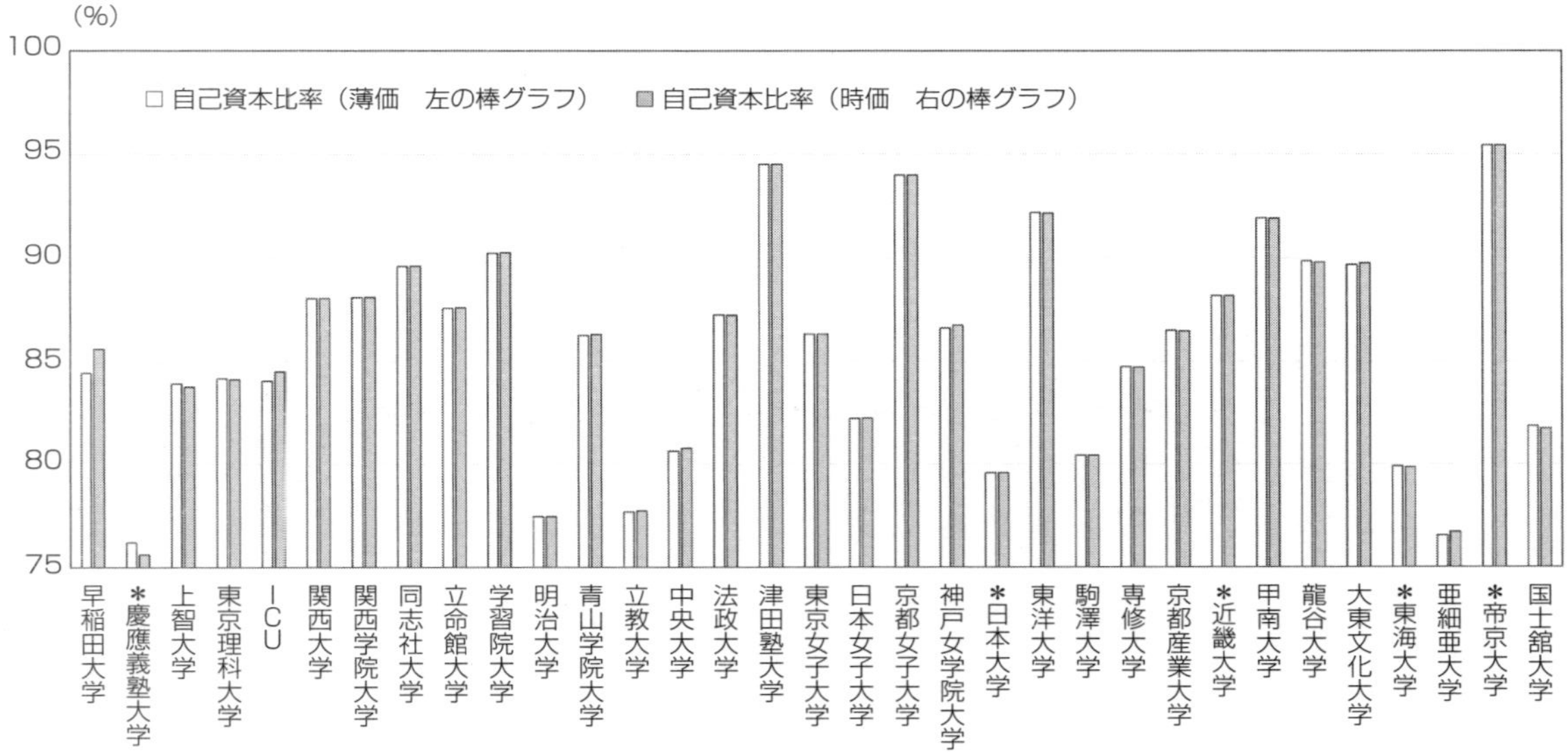

第3節　米国大学寄付基金の特徴

(1)　運用利回りと資金規模

次に全米大学経営管理者協会の報告書に基づきながら、米国大学寄付基金の資産運用について見ていくことにしたい。**図表3－7**は８００前後の寄付基金から取り寄せた財務データから、規模と運用利回りの関係を整理したものである。

運用利回りは1年間、３年間、５年間、10年間の4種類に分けて並べられている。一般的に年度ごとに変化がありながらも、長期的には高い運用成果が得られるのが寄付基金の特徴として主張されることが多い。しかしながら、この表を見る限りでは、その傾向は明確な形では捉えにくい。それでもどの期間であれ、高い運用利回りを生み出しているのは事実である。

寄付基金のもう1つの特徴として、規模が大きいところほど高い運用成果を上げることがしばしば主張される。この特徴はみごとに成立しているといえる。どの期間の運用利回りでも10億ドル超のグループが最も高く、規模が小さくなるにつれて徐々に低下している。運用成果は規模の大きさに影響を受けることが明確に読み取れる。

報告書では、７８６の寄付基金を対象に資金規模のランキングも発表されている。２０１９

図表3－7　米国大学寄付基金の運用利回り（2018年度）

資金規模	1年間の運用利回り	3年間の運用利回り	5年間の運用利回り	10年間の運用利回り
10億ドル超	9.7	6.8	8.2	6.0
501百万ドル～10億ドル	8.7	6.2	7.4	5.6
251百万ドル～500百万ドル	8.5	6.1	7.3	5.7
101百万ドル～250百万ドル	7.9	6.0	7.1	5.6
51百万ドル～100百万ドル	7.7	6.0	7.0	5.7
25百万ドル～50百万ドル	7.5	6.0	7.0	6.1
25百万ドル未満	7.6	6.2	7.5	5.8

（注）単位：百万円

年度を見ると、1位がハーバード大学（MA・Boston）の394億ドルであり、2位がテキサス大学（TX・Austin）の309億ドル、3位がイェール大学（CT・New Haven）の303億ドル、4位がスタンフォード大学（CA・Palo Alto）の276億ドル、そして5位がプリンストン大学（NJ・Princeton）の261億ドルとなっている。

どの大学も資金規模がかなりの金額に達している。その後もわれわれが知る米国の有名大学が名を連ねている。そうした資金規模のランキングをわが国の主要私立大学33校にそのままあてはめたものが**図表3－8**である。円で表示された運用可能資金をドルに換算している。ここでは786の寄付基金にわが国の33校を加えた819がランキングの対象となっている。

それに従うと、帝京大学が33億ドルの32位、

図表3－8　主要私立大学の運用可能資金と米国大学寄付基金のランキング

順位	大学名	2018年度在籍学生数（人）	2019年度運用可能資金（$1,000）	2018年度運用可能資金（$1,000）	変化率（%）	2019年度学生1人当たり・資金（$）
1	Harvard University	24,526	39,427,896	38,298,087	2.95	1,607,596
2	The University of Texas System	189,331	30,958,239	30,886,018	0.23	163,514
3	Yale University	13,368	30,314,800	29,351,100	3.28	2,267,714
4	Stanford University	16,932	27,699,834	26,464,912	4.67	1,635,946
5	The Trustees of Princeton University	8,303	26,116,022	25,917,199	0.77	3,145,372
32	*帝京大学	22,681	3,347,346	3,239,070	3.34	147,584
38	*日本大学	70,788	2,796,001	2,667,223	4.83	39,498
64	*慶應義塾大学	33,442	1,820,621	1,797,803	1.27	54,441
82	立命館大学	35,855	1,413,488	1,370,276	3.15	39,422
88	*近畿大学	34,407	1,370,213	1,332,302	2.85	39,824
95	早稲田大学	47,978	1,310,474	1,258,596	4.12	27,314
104	同志社大学	28,932	1,163,817	1,123,875	3.55	40,226
106	*東海大学	28,536	1,134,908	1,062,735	6.79	39,771
113	関西大学	30,335	1,069,677	757,975	41.12	35,262
132	中央大学	26,205	916,188	895,938	2.26	34,962
145	明治大学	32,893	830,891	789,856	5.20	25,260
146	東洋大学	31,392	827,146	820,815	0.77	26,349
147	法政大学	30,734	823,769	762,911	7.98	26,803
149	関西学院大学	25,405	804,753	1,030,178	▲21.88	31,677
178	青山学院大学	19,275	665,931	659,555	0.97	34,549
181	上智大学	13,857	630,542	621,014	1.53	45,503
186	大東文化大学	11,469	613,035	605,762	1.20	53,451
189	東京理科大学	19,325	600,259	587,596	2.16	31,061
196	龍谷大学	19,876	563,690	542,871	3.84	28,360
205	京都産業大学	13,798	533,704	515,519	3.53	38,680
206	立教大学	20,494	530,974	494,157	7.45	25,909
223	学習院大学	9,669	463,446	460,275	0.69	47,931
237	ICU	3,262	411,007	413,267	▲0.55	125,998
262	京都女子大学	5,965	354,782	355,759	▲0.27	59,477
263	駒澤大学	14,799	354,212	348,719	1.58	23,935
279	専修大学	18,254	326,224	359,670	▲9.30	17,871
281	国士館大学	12,906	325,016	302,180	7.56	25,183
288	甲南大学	9,092	294,810	281,324	4.79	32,425
392	東京女子大学	4,168	171,633	164,942	4.06	41,179
393	日本女子大学	6,562	170,841	173,284	▲1.41	26,035
413	亜細亜大学	6,788	154,120	149,918	2.80	22,705
608	神戸女学院大学	2,661	66,851	95,998	▲30.36	25,122
616	津田塾大学	3,249	65,044	62,811	3.56	20,020

（注1）米国寄付基金の数は786であり，主要私立大学は33であるため，順位の最後は819位となる。

（注2）為替レートは1ドル＝108円20銭（2019年6月30日）として計算している。

日本大学が27億ドルの38位、そして慶應義塾大学が18億ドルの64位となっている。続いて立命館大学が14億ドルの82位、近畿大学が13・7億ドルの88位、早稲田大学が13・1億ドルの95位となっている。

どの大学も米国のトップ5に比べれば資金規模が小さく見えるが、全米では100位内に入る大学が6校も存在している。さらに細かく分類すると、101位から200位の間には13校、201位から300位では9校が入り、それ以下では5校となっている。こうして見ていくと、わが国の大学は決して資金規模で見劣りするわけではなく、全米のなかで上位に食い込む大学もあることが認識できた。

(2) 資産配分と資金規模

米国の寄付基金から運用利回りと資金規模が正の関係にあることを捉えながら、同時にわが国の主要私立大学33校の位置づけも見てきた。そこで、米国の寄付基金で成立した運用利回りと資金規模の関係をそのままわが国の大学に適用すると、どのような結果が得られるかを調べていきたい。

図表3－9は主要私立大学33校の運用利回りと米国大学基金から導出した運用利回りを比較したものである。すでに図表3－5で描いた直接利回りと時価の総合利回りが運用可能資金とともに数値で示されている。

図表3－9　主要私立大学の運用利回りと米国大学寄付基金から導出した運用利回り

	運用可能資金（百万円）	直接利回り	時価の総合利回り	ドル換算の運用可能資金（百万ドル）	仮想の利回り
早稲田大学	141,793	3.95	4.64	1,310	9.7
＊慶應義塾大学	196,991	1.60	▲2.25	1,821	9.7
上智大学	68,225	2.08	▲1.48	631	8.7
東京理科大学	64,948	1.23	0.68	600	8.7
ICU	44,471	3.16	▲3.31	411	8.5
関西大学	115,739	0.63	0.21	1,070	9.7
関西学院大学	87,074	0.45	0.12	805	8.7
同志社大学	125,925	0.27	▲0.12	1,164	9.7
立命館大学	152,939	1.53	▲0.69	1,413	9.7
学習院大学	50,145	0.83	0.79	463	8.5
明治大学	89,902	0.49	▲0.43	831	8.7
青山学院大学	72,054	0.95	▲1.89	666	8.7
立教大学	57,451	0.60	▲0.79	531	8.7
中央大学	99,131	0.47	▲0.56	916	8.7
法政大学	89,132	0.46	▲0.99	824	8.7
津田塾大学	7,038	0.08	0.02	65	7.7
東京女子大学	18,571	0.52	0.52	172	7.9
日本女子大学	18,485	0.35	0.53	171	7.9
京都女子大学	38,387	0.07	0.07	355	8.5
神戸女学院大学	7,233	0.97	▲0.06	67	7.7
＊日本大学	302,527	0.50	0.50	2,796	9.7
東洋大学	89,497	0.19	▲1.04	827	8.7
駒澤大学	38,326	0.15	0.15	354	8.5
専修大学	35,297	0.19	▲0.06	326	8.5
京都産業大学	57,747	0.83	▲0.51	534	8.7
＊近畿大学	148,257	0.02	0.02	1,370	9.7
甲南大学	31,898	1.01	▲7.73	295	8.5
龍谷大学	60,991	0.81	▲1.07	564	8.7
大東文化大学	66,330	0.58	▲0.17	613	8.7
＊東海大学	122,797	0.36	▲0.23	1,135	9.7
亜細亜大学	16,676	0.68	2.94	154	7.9
＊帝京大学	362,183	2.15	2.15	3,347	9.7
国士館大学	35,167	0.64	▲1.15	325	8.5

（注1）単位：％　為替レートは1ドル＝108円20銭（2019年6月30日）として計算した。運用利回りはどれも1年間の収益率である。
（注2）仮想の利回りとは，米国の寄付基金であれば，これだけの運用収益率があげられるであろうという図表3－7から求めた1年間の収益率である。

それとともにドル換算の運用可能資金をそのまま米国の寄付基金にあてはめ、図表3－7から1年間の運用利回りを抜き出している。もし米国の寄付基金であれば、これだけの運用利回りが上げられるという仮想の数値である。

実際の運用利回りと仮想の運用利回りを比較すると、両者の間にはかなりの隔たりがある。このことからもわが国の大学は好ましい運用成果を出していないことがわかる。もちろん、比較対象の2019年度は日米の運用成果を比較するのは難しいかもしれない。決算日の違いからコロナ禍の影響も異なってくるからである。

2019年度決算という場合、日本の決算は2020年3月末であるが、米国では2019年6月末である。コロナ禍が株式市場を大きく揺さぶったのは2020年3月であった。それゆえ、日本は不利な立場に置かれている。だが、そうした特殊な要因を割り引いたとしても、運用成果にかなりの開きがある。やはり、わが国の大学は資産運用にかなりの見劣りが感じられる。

それでは、なぜ米国の大学は高い運用成果が得られるのであろうか。これがわかれば、わが国の低い運用成果も説明可能となろう。それを解き明かすには、米国の寄付基金から得られた運用利回りと資金規模の関係に注目すべきである。ここでは資金規模が大きくなるにつれて、どの期間の運用利回りであれ高くなる傾向にあった。

その事実に重ね合わせて注目しなければならないのは、資金規模と資産配分の関係である。

図表3－10　米国大学寄付基金の資産配分（2018年度）

（1）伝統的資産

資金規模	伝統的資産				
	小計	国内株式	確定利付債券	外国株式	現預金
10億ドル超	*42*	13	7	19	3
501百万ドル～10億ドル	*59*	22	10	22	5
251百万ドル～500百万ドル	*62*	24	12	22	4
101百万ドル～250百万ドル	*73*	31	15	22	5
51百万ドル～100百万ドル	*78*	34	19	22	3
25百万ドル～50百万ドル	*84*	39	22	18	5
25百万ドル未満	*89*	45	24	15	5

（2）オルタナティブ資産

資金規模	オルタナティブ資産							
	小計	プライベートエクイティ	市場性オルタナティブ	ベンチャーキャピタル	不動産	エネルギー＆自然資産	商品＆先物	その他
10億ドル超	58	*11*	*19*	*8*	*5*	*7*	－	*8*
501百万ドル～10億ドル	41	*8*	*18*	*3*	*3*	*4*	*1*	*4*
251百万ドル～500百万ドル	38	*8*	*18*	*3*	*3*	*4*	*1*	*1*
101百万ドル～250百万ドル	27	*4*	*12*	*1*	*3*	*2*	*1*	*4*
51百万ドル～100百万ドル	22	*3*	*12*	*1*	*3*	*2*	*1*	*2*
25百万ドル～50百万ドル	16	*2*	*8*	*1*	*2*	*1*	*1*	*1*
25百万ドル未満	11	*1*	*6*	*1*	*1*	*1*	*1*	－

（注）単位：％　伝統的資産とオルタナティブの合計は100％となる。

図表3－10は米国大学寄付基金の資金規模に対応しながら、資産配分として伝統的資産と非伝統的資産であるオルタナティブ資産が示されている。

伝統的資産とは株式や債券への投資を意味する。まさに従来から受け継がれてきた典型的な運用手法である。それに対してオルタナティブ資産は伝統的資産以外の投資を指す。具体的にはプライベートエクイティ、ベンチャーキャピタル、不動産、自然資源といった新しいタイプの投資を総称している。

全体的に見て資金規模の小さな寄付基金は伝統的資産を中心に運用しているが、大きな寄付基金は逆にオルタナティブ資産にウエイトを置いている。したがって、資金規模が大きくなるにつれてオルタナティブ資産の割合が高まる傾向にある。

資金規模と運用利回りの間に正の関係が見出されたが、それを支えているのはオルタナティブ資産であることがわかる。言うまでもなく伝統的資産よりもオルタナティブ資産のほうが高い成果を生み出す。それゆえ、資金規模の大きな寄付基金ほど運用利回りが高くなるのである。

(3) イェール大学の財務分析

米国の寄付基金では資金規模が大きいところほどオルタナティブ資産の割合も大きいため、高い運用利回りが得られることを指摘した。そのことを実践している典型的な事例として、

図表3－11　イェール大学の財務分析

（1）大学本体の損益計算書	2015年度	2016年度	2017年度	2018年度	2019年度
事業収入計	3,358	3,424	3,619	3,817	4,105
事業支出計	3,151	3,318	3,452	3,627	3,835
事業収支差額	207	167	167	190	270

（2）大学本体の貸借対照表	2015年度	2016年度	2017年度	2018年度	2019年度
総資産	36,972	36,957	39,194	41,873	44,428
総負債	9,587	10,419	10,208	9,616	12,186
純資産	27,385	26,538	28,986	32,257	32,242

（3）寄付基金の財務データ	2015年度	2016年度	2017年度	2018年度	2019年度
資金規模	25,543	25,413	27,217	29,445	30,295
運用利回り	11.50%	3.40%	11.30%	12.30%	5.70%
ペイアウト率	4.50%	4.50%	4.80%	4.70%	4.60%

（注）単位：百万ドル。

図表3－12　イェール大学寄付基金の資産配分（2019年度）

運用資産	割　合
伝統的資産	
外国株式	13.7
現金・短期債券	8.4
国内株式	2.7
小　計	**24.8**
オルタナティブ資産	
アブソリュート・リターン	23.2
ベンチャーキャピタル	21.1
レバレッジド・バイアウト	15.9
不動産	10.1
自然資源	4.9
小　計	**75.2**
合　計	**100.0**

（注）単位：%

イェール大学の寄付基金がしばしば注目されることが多い。

図表3−11はイェール大学の財務分析をまとめたものである。大学本体の損益計算書から事業収支の状況、そして貸借対照表から総資産と総負債の差額の純資産が示されている。それと同時に寄付基金の運用利回りとペイアウト率も取り上げている。

注目すべきことは運用利回りの高さである。大学本体へのペイアウト率よりも高い運用利回りが得られている年度がほとんどである。大学の運営を支えながら、寄付基金の資金規模を増やし続けている。盤石な運営を展開できるのは、やはり高い運用利回りを生み出す資産配分にある。

図表3−12はイェール大学寄付基金の資産配分を示したものである。伝統的資産24・8％に対して、オルタナティブ資産75・2％である。圧倒的に非伝統的資産にウエイトを置いた運用といえる。しかも運用手段がかなり大胆である。アブソリュート・リターン（絶対的収益）やレバレッジド・バイアウトなど、他の寄付基金ではあまり用いられていない特殊な運用手段が目に付く。

そうした斬新な運用を繰り広げることで高い運用利回りを得ている。したがって、オルタナティブ資産と運用利回りの関係を熟知し、資産運用にうまく結び付けているのがイェール大学寄付基金であることがわかる。

第4節　運用資金の獲得をめぐる議論

(1) 3つの改善点

米国大学寄付基金を参考にしながら、わが国の主要私立大学33校の資産運用について見てきた。そこから得られた改善策は以下のような3点にまとめることができる。

1つは会計情報の開示であり、簿価だけに頼らず時価も決算書に直接反映させるべきである。これにより運用成果が正確に伝えられるうえ、運用に関して危機意識も高まってくる。簿価だけならば直接利回りのように絶えず正の値を出すので、誤った判断を下す恐れがある。時価ならば運用利回りが負の値にもなるので、正しい判断につながっていくであろう。

2つ目はオルタナティブ資産を投資対象に加えていくことである。わが国では伝統的資産の代表格である国債がほとんどを占めている。ゼロ金利時代に国債を中心に保有しても利息収入はほとんど得られない。徐々に株式や投資信託も増やす傾向にあるが、依然として保守的な運用に留まっているのが現状である。

オルタナティブ資産を取り入れていけば、債券や株式といった伝統的資産よりも著しい成果が得られるであろう。しかも時間の経過とともに投資経験が活かされ、さらに高い成果が得られると期待される。それを知っているからこそ、米国では伝統的資産からオルタナティブ資産へ移行する傾向が強いと思われる。

3つ目は米国のように独自に寄付基金を創設することである。これがなければ積極的な資産運用は始まらない。わが国では大学本体の一時的な余裕資金に基づきながら運用しているのに過ぎない。明確に運用を任された資金ではないので、大胆な運用を控えてしまう。

大学本体と切り離した組織の寄付基金ならば、積極的な運用が可能となる。たとえ運用に失敗したとしても、大学の運営に支障をきたすことは少ないであろう。米国の大学が伝統的資産からオルタナティブ資産にウエイトを移せるのは、寄付基金という独自の組織を持っているからだ。

(2) 運用資金としての寄付金

いま述べた改善策をまとめると、最初に寄付基金を設け、そこにオルタナティブ資産を大量に保有し、そして運用成果を時価でチェックすればよい。そうすればわが国の大学の資産運用は、米国と同じように高い運用利回りが得られるという指摘である。

確かに米国の寄付基金を観察する限り、こうした結論に至る。実際、わが国の主要私立大学のなかにも寄付基金を設立し、オルタナティブ資産に興味を示すところも現れている。

だが、資産運用で最も肝心なことは運用資金の性格である。米国の運用資金は、名前から明らかなように個人や法人から集めた寄付金（エンダウメント endowment）で成り立っている。大学本体から独立した組織で、しかも運用資金が寄付金であれば、リスクを負った運用が可能となる。

高い運用利回りを求めようとすれば、リスクも高くならざるを得ない。わが国のように大学内部の一時的な余裕資金では、ハイリスク・ハイリターンの運用は難しい。ある程度のリスクを負いながらも高いリターンを狙うには、基本的に寄付金が原資のほうが好ましい。

オルタナティブ資産は高いリターンが得られるが、その反面、リスクも高い。米国の寄付基金が積極的にオルタナティブ資産に向かっていけるのは運用資金の性格にある。それゆえ、絶えず寄付金の獲得に奔走し、その資金を運用でさらに膨らませている。一部は大学本体に流出していくが、それでも余剰部分が生じるため、運用資金は枯渇せず拡大していく。

大学が本格的に資産運用に取り組むなら、運用資金は寄付金でなければならない。その条件を満たしてこそ、はじめて運用業務が始まると思われる。だが、わが国は米国に比べれば寄付金の慣習が定着していない。そのなかで資産運用の原資になるほど大きな金額の獲得は難しいであろう。

(3) 寄付金の獲得手段

それでも寄付金の獲得を大学の重要な業務として位置づけなければ、将来の発展は見えてこない。米国でも安易に寄付金が収集できるわけではなく、制度上の工夫を凝らしながら展開している。例えば、近年の新たな獲得手段として受益権分割契約（split interest agreement）が主要な寄付基金において多く結ばれている。

これは寄付者と大学の取り決めであり、合意に従って共有する契約である。大学に寄付しながら、指定された期間にわたって利息相当額が固定的に支払われるものである。寄付をしたが将来の思わぬ出来事から資金が必要になるかもしれない。そうした不安を取り除いてくれるので、多くの寄付金が集められる。

わが国でも古くから寄付保険といった資金獲得手段がある。家族への保険金支払のほかに、大学を一部受取人として契約を結ぶ生命保険である。これならば老後において修正可能である。資金が必要な事態に直面すれば、生命保険の契約を変更あるいは解約すればいいだけである。将来の不安を取り除く機能を有している。

だが、年金のように利息相当額が定期的に得られる受益権分割契約に比べれば、かなり魅力が薄れる。ただ、貸借対照表を見る場合、受益権分割契約は資産と負債が両建てで増えていくので複雑である。通常の寄付金に比べると、純資産の大きさは若干抑えられる。それでも契約そのものが拡大していけば純資産も増大していくので、やはり有力な獲得手段といえる。

(4) 資金獲得の担い手

寄付金は単に積極的な資産運用を繰り広げるだけの手段として留まらない。多くの法人や個人から寄付金を収集するには、彼らの期待に応えるだけの大学運営を展開する必要がある。そのため普段から教育研究活動を基盤にした努力が絶えず要求される。

そうしたなかで教授会の在り方も変化するかもしれない。教授会の構成員である教員は教育・研究・社会活動が業務の中心となっている。だが、これからは寄付金の獲得能力も重視されていくように感じる。彼らは専門的領域について最も身近な立場にあり、大学の事情についても熟知している。組織立った動きを展開すれば、寄付金が得られやすいのではないだろうか。

いまでは研究費の獲得は教授会のなかで当然のごとく議論されるが、いずれ寄付金の獲得も同じように取り組まれていくように思われる。そうした姿勢が定着すれば、教員の姿も変わってくるのではないだろうか。

一般的に大学内部に籠るタイプの教員像が大学のイメージとしてあるが、実際はそれとは対照的に大学から飛び出るタイプの教員も多い。外部の人たちと接するほうが性格にあっているのだろう。そうであれば寄付金の獲得にも十分に活かせる。その時、大学は従来の学者型教員だけでなく、ビジネス型教員も重要な役割を果たす姿に変貌していくであろう。

第4章 コロナ禍と大学経営

第1節 大学を取り巻く経営環境の変化

(1) 経済活動への悪影響

2019年末から世界中に猛威を振るった新型コロナウイルス感染症(COVID-19)の世界的な大流行は、私たちの生活にかつてないほどの深刻なダメージを与えた。政府は感染を抑える手段として自粛を国民に呼びかけ、不要不急の外出をできる限り控えて家に閉じ籠るステイホームが打ち出された。

それでも外出する場合はコロナウイルスの集団感染(クラスター)の発生を防止するため、密閉・密集・密接の3密を避けることが強く叫ばれた。さらに意図的に人と人との間に距離を置くソーシャルディスタンスも生活のなかに浸透していった。感染症の恐怖は人々の生活を大きく変化させ、引き籠りに向かわせていった。

パンデミックは外国との交流だけでなく、国内の交流も停滞させたので、経済活動が急激に悪化していった。それは2008年9月に起きたリーマンショックをはるかに上回る規模の経済危機であった。企業によるリストラが次々と実施され、失業者が溢れたうえ、飲食業や居酒屋といった個人営業の多くも閉鎖に追い込まれていった。

感染を防止する治療薬も対応を受け入れる体制も不十分であったため、負の連鎖を食い止められず、時間が経過するにつれてますます深刻さを増していった。

(2) 海外の大学事情

コロナ禍は幅広い業種にわたって世界中のさまざまな企業に経済的な悪影響をもたらした。それは大学においてもまったく同様であった。米国の大学を取り上げると、コロナ禍の感染が広がった2020年の春学期にはすぐにキャンパスを閉鎖させ、授業は自宅で受けるオンライン化が進められていった。キャンパス閉鎖に伴い一部の職員が解雇され、さらに全職員を対象に給与カットも行われた。人件費を削減する動きが始まったのである。

だが、それよりも夏学期以降に授業料や寮費等の収入を確保できるかが問題となった。キャンパスの閉鎖やオンライン授業の実施から入学希望者が予定していた数よりも減っていたからである。なかでも授業料と手数料が割高に設定された留学生の減少は、大学経営にとって大きな痛手となった。感染拡大防止から帰国した留学生が米国に戻れるか、まったく目途が立っていなかったからである。

コロナ禍以前から財務内容がもともと悪い大学は、危機的な状況にまで追い込まれていった。米国では私立大学も公立大学も赤字比率が30％を占めているので、コロナ禍は経営の根幹を揺るがす大問題であった。実際、新入生の募集停止ばかりか、174年の歴史を持つイリノイ州のマクマリー大学のように閉鎖を発表するところもでてきた。

英国の大学も事情はまったく同様で、コロナ禍は大学の財政を急激に悪化させていった。留学生の数が米国に次ぐ第2位の国であり、しかも授業料が割高であるからだ。留学生から得られる授業料は大学収入のうち3分の1を占めている。それだけに留学生の減少はとりわけ深刻な問題となっている。また、キャンセルされた施設費や会議関連の収入減も大きく響いている。

(3) 授業料引き下げの圧力

米国であれ英国であれ、大学経営にとって最も憂慮すべき問題は秋学期になってもコロナ禍が収束しない場合の対応である。オンラインだけの授業が展開されれば、学生からの猛烈な反発が強まる懸念があるからだ。英国もそうであるが、とりわけ米国の大学の授業料は飛び抜けて高い。平均的な年間学費は約350万円であり、寮費や生活費も含めれば約500万円となる。

もしオンラインだけの授業が続けば、多くの学生は自分たちに課される高い授業料がそれに見合うだけの価値があるのか疑問に思うであろう。留学生なら外国に行けなければ意味がない。オンライン授業を自国で受けるだけなら、留学の意義は見いだせない。

そうした厳しい環境のなかで学生たちを大学に留まらせるには、大幅な授業料引き下げしかないかもしれない。すでに一部の大学では、授業料や施設使用料などの返還を求める学生からの抗議活動や訴訟が起きている。通常の授業が展開できなければ、いままで得られた授業料収入の半分しか得られない恐れも出始めている。

(4) 日本の大学事情

わが国の大学でも、学生からの不満が感染の拡大に伴って噴出した。キャンパスを一斉に閉鎖し、図書館等の施設が利用できなくなったにも関わらず、従来通りの授業料を収めるのはおかしいといった意見である。それに関連して学費そのものが高すぎるといった疑問も出された。

だが、学生たちにとってコロナ禍の最大の問題はアルバイト収入が得られなくなったことであろう。政府による自粛宣言で、アルバイト先が仕事の急激な減少からリストラを実施せざるを得なくなったからである。地元の親からの仕送りに全面的に依存しているのではなく、学生が稼ぐアルバイト収入を加算することでどうにか大学に通うことができている実態も明らかにされた。

しかも地元の親も景気の急激な悪化から仕事を失い、収入が大幅に減少するケースも多く見られた。仕送り減とアルバイト減の2重の苦境に立たされた学生のなかには、勉学どころか日々の生活さえも不安定な状態に置かれてしまったものもいた。経済的に困窮すれば、授業料の支払いは難しく、最終的に仕方なく退学を考えざるを得なくなる。

（5）資金ショートの恐怖

退学は学生にとって入学時の希望を捨て去る不幸な出来事である。一方で、大学にとっても資金繰りの悪化という経営上の大問題が発生する。予算で見込んでいた学生生徒等納付金収入が得られなければ、その年度の活動が行き詰まるだけでなく、資金ショートの発生から大学が運営停止に追い込まれてしまう。

政府から定員厳格化が出され、今日の大学は定員超過が認められなくなった。都市部の主要私立大学の超過分を定員割れの地方の私立大学に振り向けることで、地方経済を活性化させる目論見の措置であった。だが、大学にとって定員超過は退学によって失われる授業料収入の減少を補完するバッファーの役割を果たす。

入学してから数年の間に無視できない割合の学生が大学を去っていく。そのことを前提にしながら円滑な大学運営を展開する手段として定員超過が存在していた。ところが、政府から一方的に定員厳格化が求められたので、大学は中退者をできる限り出さない運営を粘り強く繰り広げていくしか方法がなかった。

そうしたなかでコロナ禍が原因で突如として中退者が大量に続出すれば、大学経営が一気に行き詰まってしまう。さらに学生からの施設使用料などの返還要求や授業料引き下げ要求も、資金ショートを引き起こす深刻な懸念材料となっている。

(6) 注目度が高まる資金収支計算書

コロナ禍による政府の自粛要請から飲食・小売業者等では、売り上げが激減し閉鎖していくところが目立った。充分なキャッシュが店に入らず、運営資金が枯渇したからである。そのことは小規模な個人経営の店だけでなく、一般企業にも当てはまる現象である。そのため、絶えず十分な現預金を保有しているかが経営上の重要な関心事となり、資金の流入と流出をチェックするキャッシュフロー計算書に注目が集まっていった。

わが国の大学でも、コロナ禍をきっかけに資金の流れに注目度が高まっている。現預金を十分に保有していれば、授業料収入の激減から流入不足が生じても経営は揺るがない。一般企業と同様に大学もキャッシュフロー計算書に相当する資金収支計算書に絶えず注意を払う必要がある。

本章ではこうした認識から私立大学の決算で発表される資金収支計算書に注目しながら、主要私立大学が置かれた状況を見ていきたい。大学経営の分析では事業活動収支計算書と貸借対照表の2つを用いる場合が多いが、ここでは資金収支計算書も加えながらコロナ禍での耐久性について調べていきたい。

時折、大学の経営危機が叫ばれる時があるが、実際は破綻とはまったく無縁なのが現状である。それは大学設置基準から十分な基金が積み上がっているからである。ところが、コロナ禍が原因で突発的な資金不足が起きれば、決算書から見て表向き健全な大学も一気に不安定な経営に陥る恐れがある。資金収支計算書を通じて通常とは異なる別の姿を主要私立大学の財務データから映し出してみたい。

第2節　計算書類から見る大学経営

(1) 3種類の計算書類の関係

私立大学では資金収支計算書（C/F）、事業活動収支計算書（P/L）、貸借対照表（B/S）の3種類の計算書類を用いて財務分析が行われる。**図表4-1**はこれらの関係を簡単な図で描いたものである。

資金収支計算書は資金の収入と支出の流れを追いながら、最終的に翌年度繰越支払資金を求めていく。その金額は貸借対照表の現預金勘定に一致する。大学がどれだけの現預金を保有しているかを調べるには、資金収支計算書の翌年度繰越支払資金を見るか、あるいは貸借対照表の現預金勘定を見ればよい。どちらを見ても同じ金額である。

図表4−1　3種類の計算書類の関係

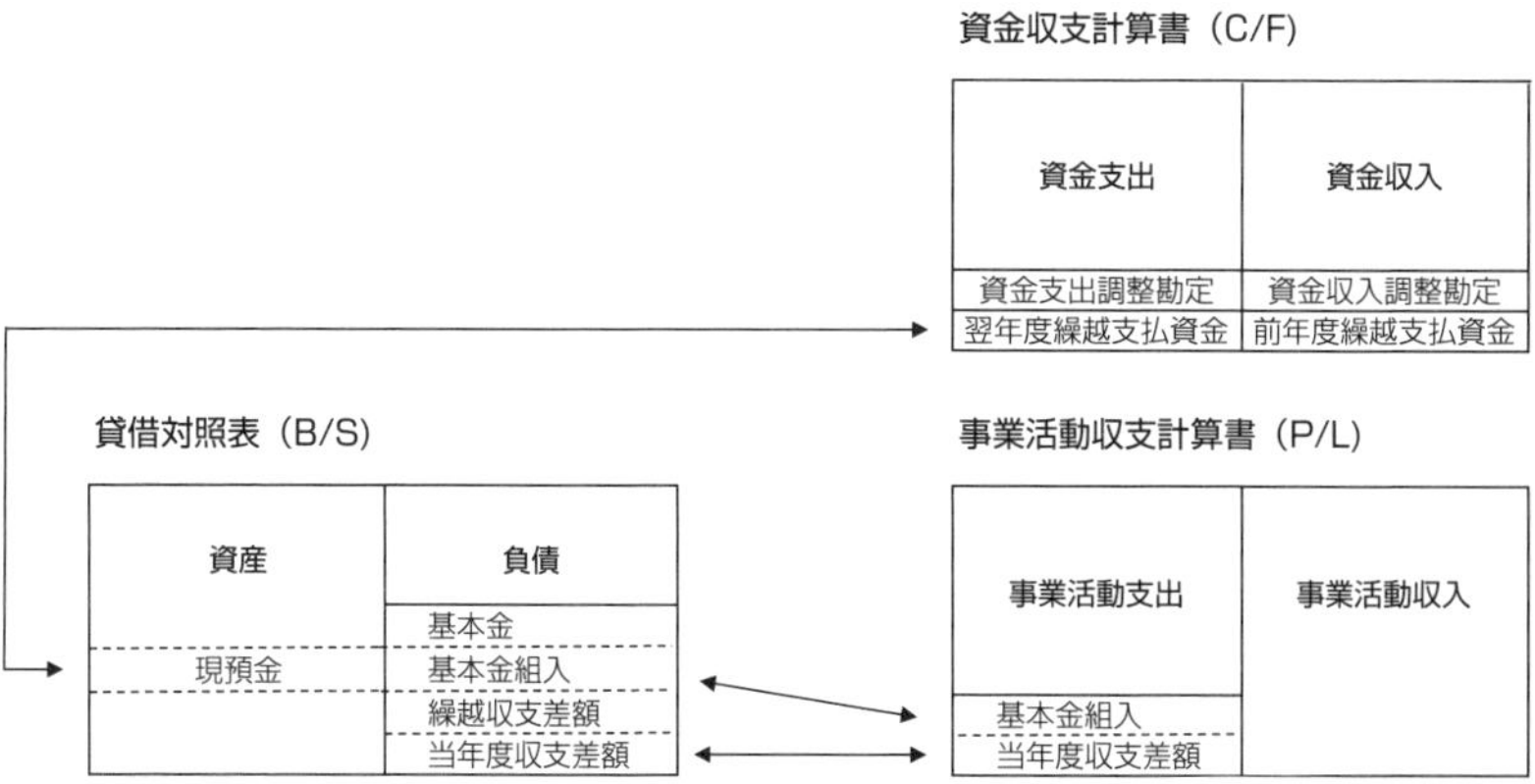

それに対して事業活動収支計算書では、事業活動収入から事業活動支出を差し引いた金額が基本金組入と当年度収支差額に充てられることが示される。それぞれの項目が貸借対照表の基本金と繰越収支差額に加わることで、資産と負債の差額に相当する自己資本が決定する。

大学経営が順調に展開すれば、現預金が増えると同時に基本金組入と当年度収支差額を通じて自己資本も拡大していく。逆に経営が悪化すれば現預金は減少し、さらに基本金組入と当年度収支差額の低迷から自己資本の拡大が難しくなる。

(2) 大学経営の発展モデル

図表4−2は大学経営の発展過程を流動性指標の現預金、収益性指標のROE、成長性指標の基本金組入率、健全性指標の自己資本比率の

図表4−2　大学経営の発展モデル

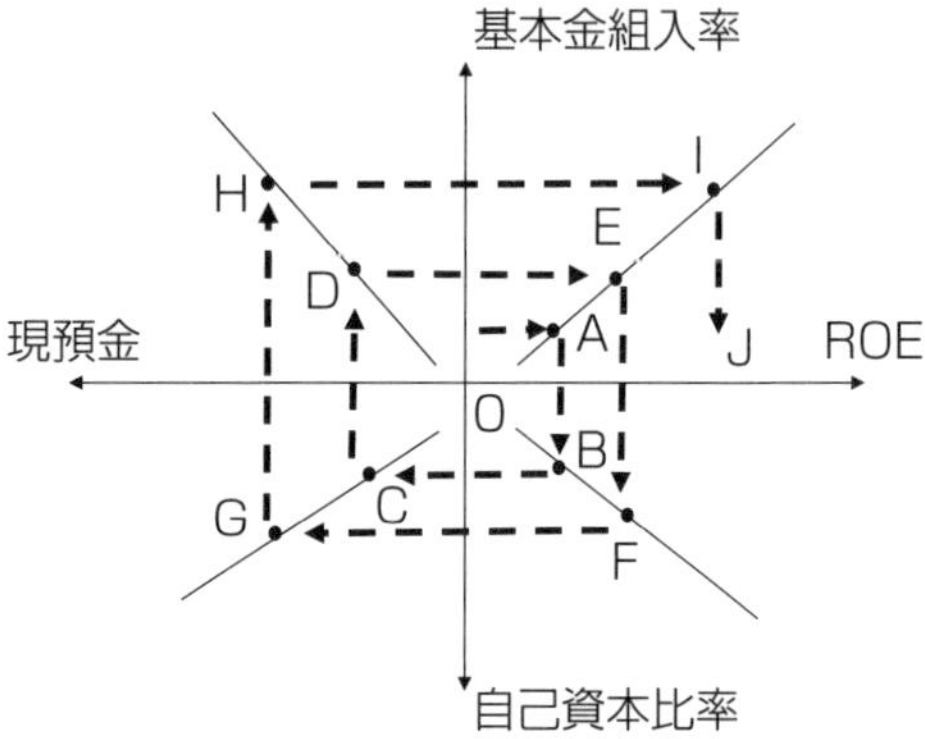

4つの変数から描いたものである。4象限のすべてにおいて正の関係が示されている。

これらは因果関係を示すというよりも、相互に関連している姿を表している。それゆえ、4つの指標は同じ方向に動いていく。1つの指標だけが反対方向に進んでいくことはあり得ないであろう。

例えば、A点に対応した基本金組入率とROEから出発したとしよう。その場合、B点から自己資本比率、C点から現預金が決定づけられる。大学が発展していく場合は、D点、E点、F点、G点、H点、I点、J点といった具合に、外に向かって正のスパイラルを描くことになる。

ここで注目しなければならないのは、流動性指標の現預金の存在である。経営規模が拡大するにつれて予想外の出来事が発生する恐れがある。だが、十分な現預金さえ保有していれば、さまざまなリスクが吸収できることから円滑な取引が可能となるうえ、さらに発展していくであろう。

したがって、大学経営にとって規模に見合うだけの十分な金額の現預金の確保は必要不可

図表4－3　大学経営の停滞モデル

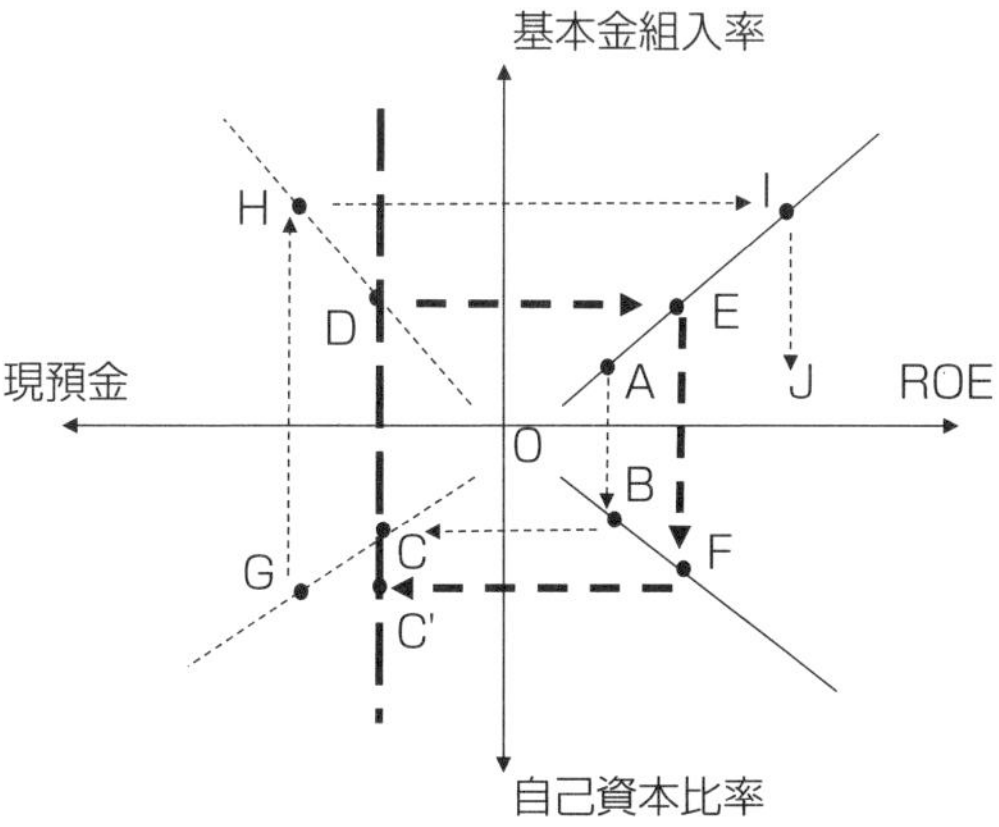

欠な要件となっている。

（3）大学経営の停滞モデル

もし十分な現預金を確保していなかったら、どうなるのであろうか。**図表4－3**はそうしたケースを描いている。最初は先ほどと同様にＡ点からＢ点、Ｃ点、Ｄ点、そしてＥ点、Ｆ点と順調に拡大していく。

ところが、Ｃ点あるいはＤ点に対応した現預金しか保有していなかったとしよう。その場合、Ｃ'点に留まり、先ほどのようにＧ点に向かっていけない。現預金の制約が強く働くため、Ｄ点、Ｅ点、Ｆ点と同じ経路を回転し、大学経営は一定の規模に押し留められる。

だが、成長に伴って十分な現預金を確保しておけば、さらなる成長が見込める。現預金はあらゆるリスクを吸収する最善の金融資産である。その重要性を十分に認識しない限り、大学は発展していかない。
それゆえ、大学経営をチェックする時は事業活動収支計算書と貸借対照表だけではなく、資金収支計算書にも絶えず注意を払わなければならない。

第3節　資金収支計算書の分析

(1) 資金収支計算書の構造

資金収支計算書は資金の収入と支出の関係を示したものであり、最終的に翌年度にどれだけの現預金を繰り越すかを表している。**図表4－4**は資金収支計算書の具体的な構造を描いたものである。主要な科目だけを取り出すと、次のように整理できる。

翌年度繰越支払資金
＝　学生生徒等納付金収入　＋　資産売却収入　＋　借入金等収入　－　人件費支出
＋　前年度繰越支払資金

学生生徒等納付金収入は学生から得る授業料収入であり、資産売却収入は大学が保有する有価証券等を売却して得られる資金であり、借入金等収入は外部から借り入れた資金である。

図表4－4　資金収支計算書の枠組み

資金支出の部	資金収入の部
人件費支出	学生生徒等納付金収入
教育研究経費支出	手数料収入
管理経費支出	寄付金収入
借入金等利息支出	補助金収入
借入金等返済支出	資産売却収入
施設関係支出	付随事業・収益事業収入
設備関係支出	受取利息・配当金収入
資産運用支出	雑収入
その他の支出	借入金等収入
	前受金収入
	その他の収入
資金支出調整勘定	資金収入調整勘定
翌年度繰越支払資金	前年度繰越支払資金

これらは資金の流入を決定づける重要な要因である。それに対して人件費支出は資金の流出であり、大学経営において最も大きな支出要因である。

こうして当年度の資金流出入が決定づけられ、その金額に前年度繰越支払資金が加わることで、現預金に相当する翌年度繰越支払資金が得られる。このなかで学生生徒等納付金収入と翌年度繰越支払資金を取り出し、両者の関係を描いたのが**図表4－5**である。それを収支線と呼んでいる。

ここでは（1）収支が改善したケースと（2）前年度繰越支払資金が多いケースの2つが示されている。

図表4－5　学生生徒等納付金収入と翌年度繰越支払資金の関係

（1）収支が改善したケース

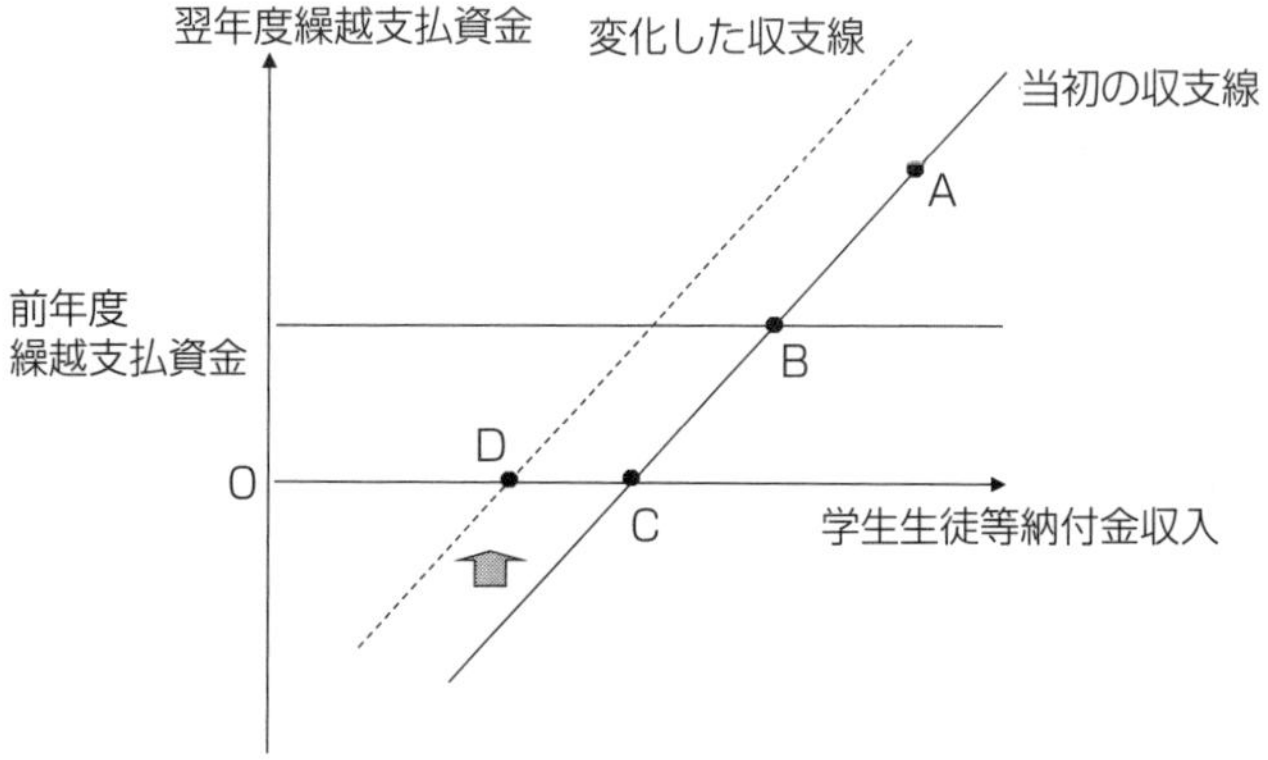

（2）前年度繰越支払資金が多いケース

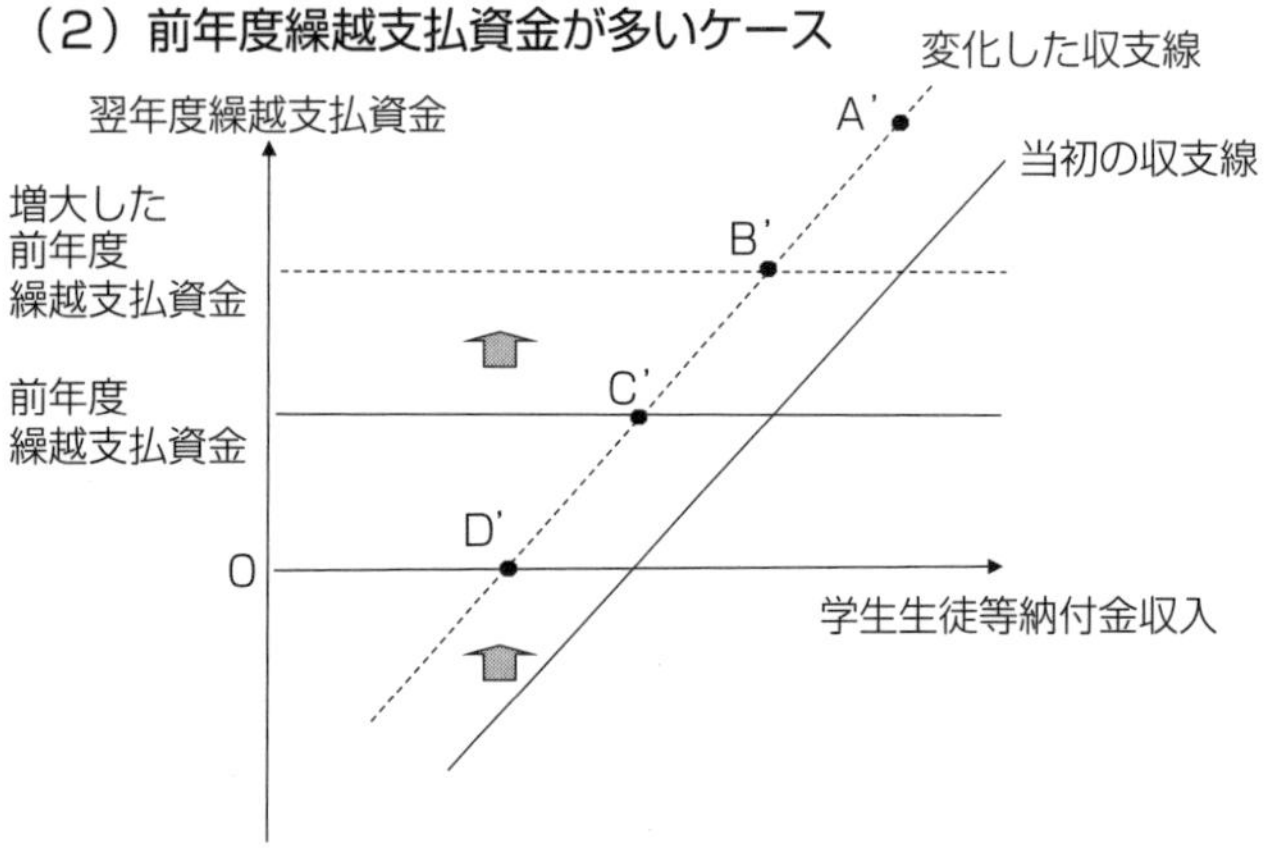

（2）収支が改善したケース

まず、収支が改善したケースについて、この図表4－5の上方の図から見ていこう。横軸に学生生徒等納付金収入を置き、縦軸に翌年度繰越支払資金を置いている。学生からの授業料収入が増えるにつれて現預金も増えていくので、収支線は右上がりの曲線となっている。

いま、当初の収支線が与えられ、A点が事前に予想した状態であると仮定しよう。B点は期待したほど授業料収入が得られなかった場合を示している。現預金の増減はゼロとなり、前年度繰越支払資金をどうにか維持している状態にある。

C点は授業料収入の獲得がさらに悪化した場合を示している。前年度繰越支払資金を食い潰すほど多くの資金が流出した状態を表している。現預金がゼロとなるため、大学運営が停止直前の状態に追い込まれたことになる。したがって、大学を維持するには、学生生徒等納付金収入はC点を下回れないことになる。

だが、そうなる前に有価証券等を売却したり、資金を新たに借り入れたり、あるいは人件費を切り詰めたりするであろう。その場合、収支線は左へシフトし、大学運営が可能となる最低限の学生生徒等納付金収入を資金収支の改善からD点まで下げることが可能となる。

（3）前年度繰越支払資金が多いケース

次に前年度繰越支払資金が多いケースをこの図表4－5の下方に描かれた図から見てみよ

う。先ほどの図では経営改善努力から当初の収支線が左にシフトしたが、このケースでは前年度繰越支払資金の増加から当初の収支線が同じく左にシフトすることを表している。

ここではA'点から始まり、資金収支が悪化するにつれて変化した収支線上を移動し、B'点から増大した前年度繰越支払資金に至る。さらに授業料収入の減少からC'点を超えてD'点に至ったところで現預金はゼロとなる。つまり、ここが学生生徒等納付金を減らせる限界点となる。

結局、翌年度繰越支払資金である現預金を枯渇させないためには、経営改善努力と前年度繰越支払資金の増大が必要である。それでも授業料収入である学生生徒等納付金が急激に減少した場合には、現預金はマイナスとなり、一気に資金ショートが発生する。

コロナ禍が大学経営に及ぼす怖さは、突然発生する資金枯渇リスクである。授業料収入が予定額に大幅に至らなければ、それを克服しようにも経営改善努力に限界があるうえ、まして過去の数字である前年度繰越支払資金を動かすこともできないからだ。

第4節　経営破綻の分析

(1) 一般的な破綻の兆候

大学は健全な財務状態を保ちながら教育研究活動を続けていかなければならない。もし経営危機に陥れば、在学生は言うまでもなく関係者たちにも多大の迷惑を掛ける。そうならないためにも、事前に経営破綻の兆候を見抜く必要がある。

大学であれ一般企業であれ、赤字が食い留められず自己資本が毀損し、最終的に債務超過に陥れば経営破綻として認識される。それゆえ、大学の損益計算書に相当する事業活動収支計算書からどの程度の赤字が発生しているのか、そして貸借対照表から自己資本がどれほど食い潰されているのかを絶えずチェックし、経営破綻を未然に防がなければならない。

そうした視点から経営破綻を事前に見抜く指標として、私立学校振興共済事業団の報告書（2017年）を参考にしながら以下の3つが指摘できる。実際に主要私立大学の決算書から具体的に見ていこう。

＜指標1＞　基本金組入前当年度収支差額がプラスであるか？

事業活動収支計算書で導き出される収入合計と支出合計の差額である基本金組入前当年度収支差額に注目し、その金額がプラスであるか否かをチェックする。黒字であれば問題ないが、逆に赤字であっても決して経営破綻に直接つながるわけではない。

図表4－6は主要私立大学の基本金組入前収支差額をまとめたものである。ほとんどの大学が黒字であるが、一部の大学に赤字が見られる。それはたまたま年度の特殊な要因が影響

図表4－6　＜指標1＞　主要私立大学の基本金組入前当年度収支差額（2019年度）

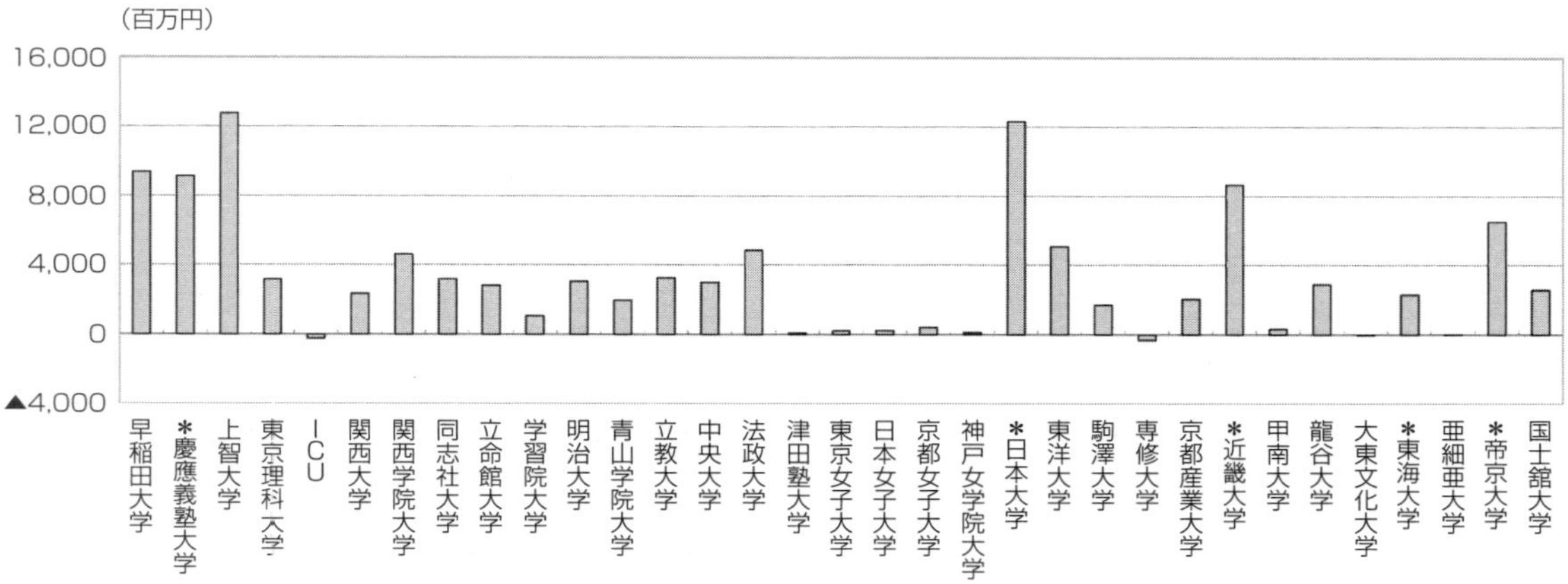

したためであり、経営危機とはまったく違う。それゆえ、単年度だけを取り出して、この指標をチェックしてもあまり意味がない。

だが、赤字が毎期続くようであれば要注意である。大学内部に根本的に改善しなければならない要因が潜んでいるからである。したがって、基本金組入前当年度収支差額は重要な指標であるが、単年度だけを見るのではなく、連続年度にわたって見ていく必要がある。

〈指標2〉　運用可能資産が外部負債を上回っているか？

大学は保有する資金を運用し、そこから利息・配当金を得ている。それと同時に外部負債も抱えている。外部負債を返済できるだけの余力があるかを見た指標であり、運用可能資産が外部負債を上回っていれば返済可能であり、財政的に余裕があると解釈できる。

図表4－7は主要私立大学の運用可能資産と外部負債を比較したものである。これを見ると、すべての大学で運用可能資産が外部負債を上回っている。返済圧力を十分に解消できる状態にあることがわかる。

確かに上に指摘した2つの指標は、経営破綻を事前に回避するうえで極めて有益である。これらの指標に絶えず注意を払いながら、悪化傾向にあれば改善策を打ち出していけばよい。だが、黒字を計上し、自己資本が十分な状態にあっても、思わぬ事態から資金ショートに陥

図表4−7　＜指標2＞　主要私立大学の運用可能資産と負債（2019年度）

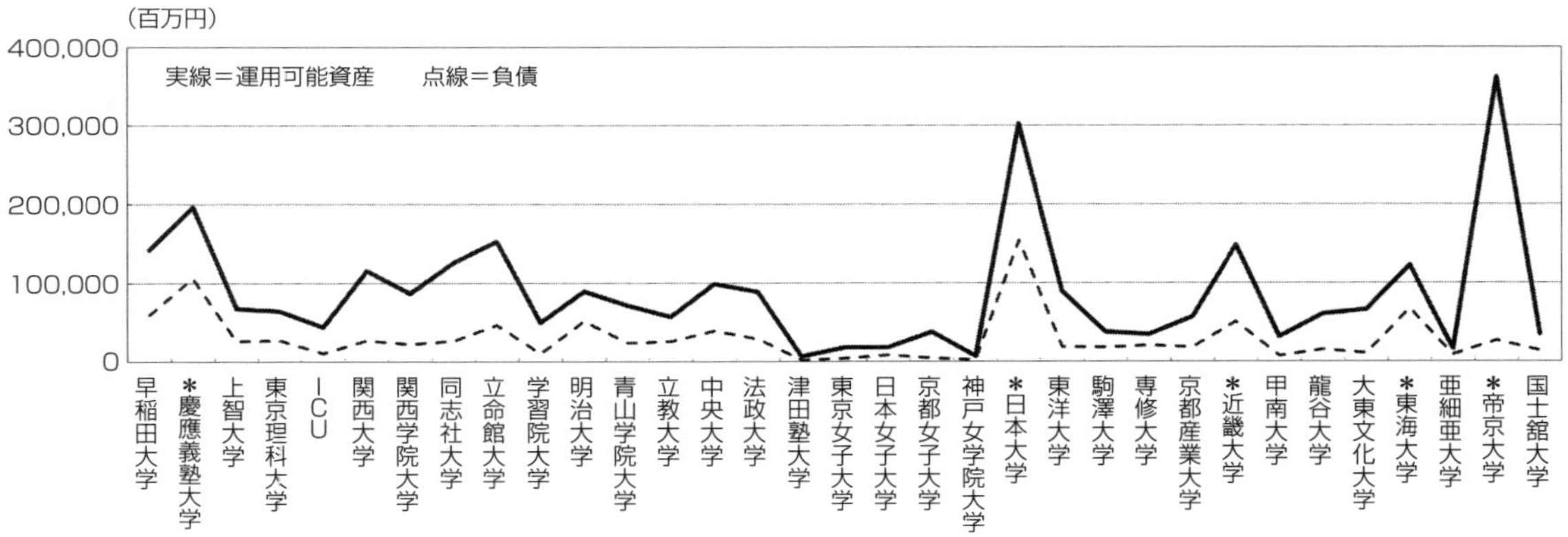

れば大学の運営は停止してしまう。

そこで、3つ目の指標として以下のように翌年度繰越支払資金に注目せざるを得ないことになる。

〈指標3〉　翌年度繰越支払資金を十分に保有しているか？

資金収支計算書から導き出される最終的な資金である翌年度繰越支払資金が、どれだけ確保できているかをチェックする必要がある。現預金残高を意味しているので、マイナスであれば大学の運営はストップする。
図表4―8は主要私立大学の翌年度繰越支払資金を並べたものである。規模に応じて差があるが、どの大学においても現預金はプラスの金額である。これらの大学が現時点で運営しているのであるから、当然の結果であろう。

図表4－8　＜指標3＞　主要私立大学の翌年度繰越支払資金（2019年度）

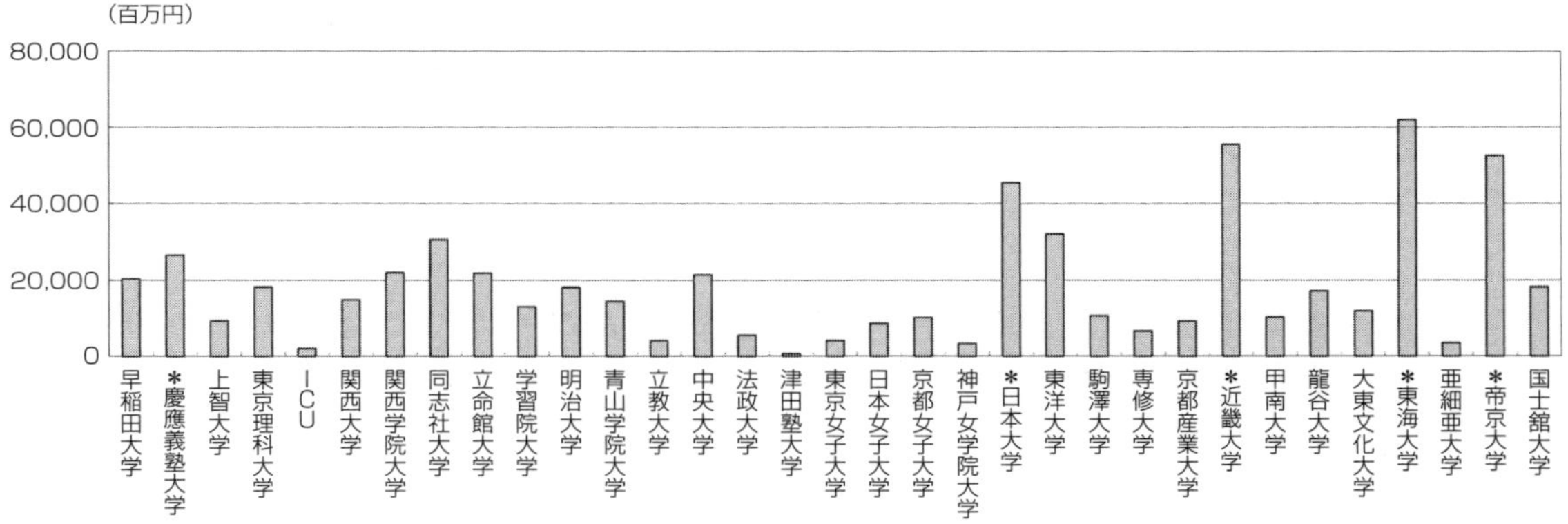

（2）資金ショートによる経営破綻

一般的に大学は定員さえ確保できれば、経営破綻につながらないと考えられている。それはもともと予定した金額の授業料収入さえ流入すれば、運営に必要な支出が賄えるように設計されているからである。それゆえ、定員充足は大学経営にとって重要な課題となっている。

ところが、現状は定員割れの大学が半数近くも存在し、しかもほとんどが経営破綻に至っていない。それは十分な基本金を保有しているからである。多少の赤字が発生しても十分に吸収するだけの経営体力があるためだ。

だが、世界中に蔓延したコロナ禍は突発的な資金ショートを誘発するリスクを孕んでいる。大幅な黒字であっても、また自己資本比率が高くても、資金ショートが発生すれば大学はそのまま運営が行き詰まってしまう。

本章の冒頭でも紹介したように米英の大学では、学生からの強い授業料値下げ要求や留学生からの授業料獲得の困難さに直面している。それゆえ、授業料収入が半減化する事態も現実的な問題として考えておかなければならない。

わが国の大学では米英の大学に比べれば、授業料値下げ要求も留学生の問題もかなり弱いのが特徴である。だが、予想以上にコロナ禍の経済的打撃が学生たちの生活を脅かすならば、日本においても米英と同様に授業料収入の半減化も経営の視野に入れておくべき課題であろう。

そこで、予期しない突発的な授業料収入の減少にどれだけ耐えられるかを見るため、狭義の現預金比率と呼ぶ新しい指標を作成してみよう。

狭義の現預金比率（％）

＝　翌年度繰越支払資金（現預金）／学生生徒等納付金×１００

図表4―9は主要私立大学の狭義の現預金比率を並べたものである。多くの大学が１００％を下回っている。つまり、1年分の授業料収入に満たない金額しか現預金を保有していないのである。もし授業料収入が1年間にわたってまったく入らなければ資金ショートに陥ることになる。

さらに絞り込んで見ていくと、狭義の現預金比率が50％を割り込む大学も無視できないほどある。これを見る限り、米英の大学で騒がれた授業料の半減化要求がわが国において実現したならば、経営に行き詰まる大学がでることが容易に推測できる。

確かに突発的な収入減を吸収する手段として現預金は有効な金融資産である。だが、そのほかに有価証券の含み益も考えられる。含み益は有価証券を売却すれば、実現益として現預金が新たに獲得できるからである。**図表4―10**は現預金に含み益を加えた広義の現預金比率（％）を主要私立大学ごとに求めたものである。

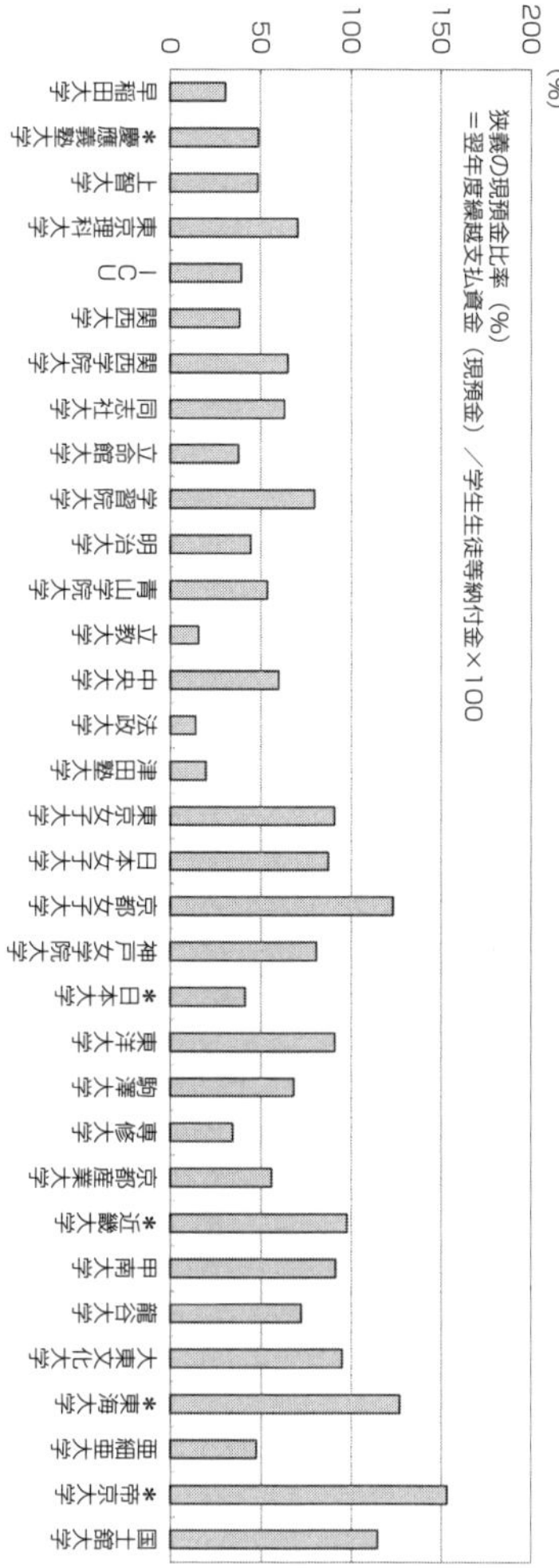

図表4−9　主要私立大学の狭義の現預金比率（2019年度）

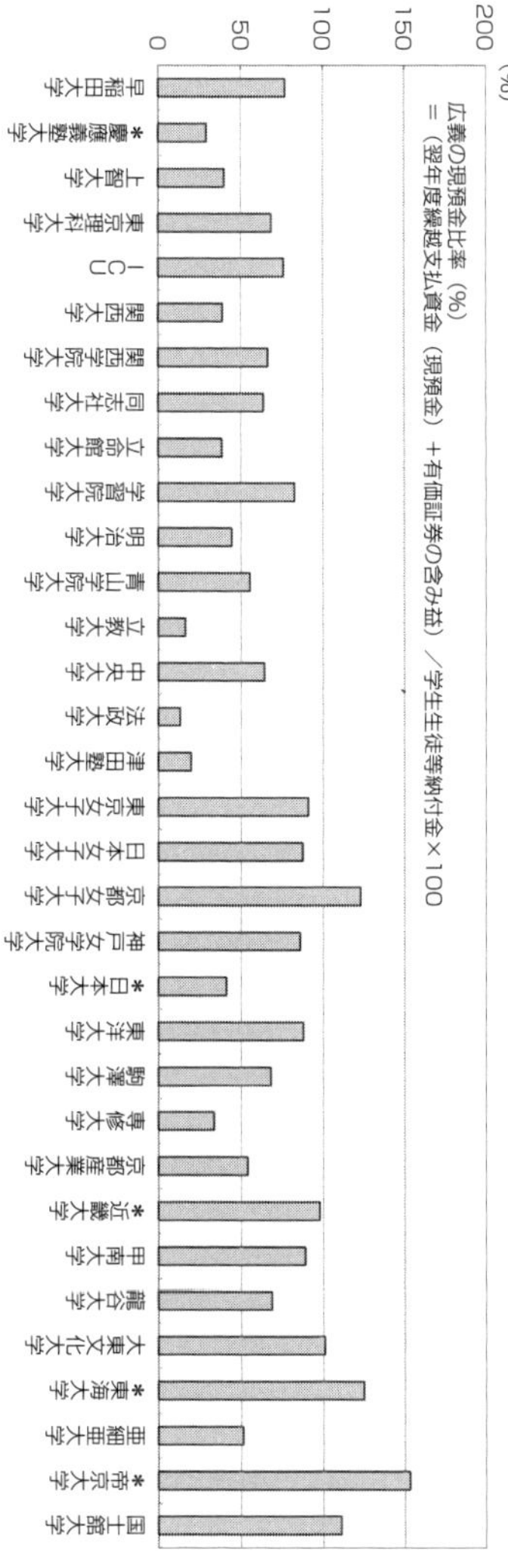

図表4−10　主要私立大学の広義の現預金比率（2019年度）

広義の現預金比率（％）

＝（翌年度繰越支払資金（現預金）＋有価証券の含み益）／学生生徒等納付金×１００

狭義の現預金比率に比べて数値が高くなっている大学もあるが、逆に含み損の発生から低くなっている大学もある。ほとんどの大学が１００％を下回っているうえ、50％を割り込む大学も目立つ。したがって、広義の現預金比率を用いても授業料収入の半減化を食い止めるのが難しい現状が認識できる。

第5節　コロナ禍の教訓

（1）9月入学・始業の移行案

幸いなことにわが国ではコロナ禍の影響で経営破綻に至った大学はなかった。政府は独自に授業料を減免する大学に助成金を出し、さらに経済的に困窮する学生に対して現金給付も実行した。政府による支援も多少影響したかもしれないが、基本的には授業料引き下げを求める要求が米英の大学に比べて強くなかったからであろう。

そうしたなかで新型コロナウイルスの感染拡大に伴う小・中・高の休校長期化を受けて、始業や入学時期の9月移行案が日本の教育界に突如として突き付けられた。それは大学にも関係する重大な改革案であった。安倍晋三首相は9月入学・始業の実現に向けて具体的な検討作業に入ることを表明し、2021年秋からの制度化を目指した。

しかしながら、日本教育学会から学習の遅れを取り戻すことも、学力格差を縮小する効果も期待できないとの見解が出された。また、制度変更にかかる国や自治体、家計への負担は6兆円を超えるという推計も出されたため、政府は中長期的課題として今回の9月入学・始業を見送ることを決定した。

大学では過去においてグローバル化の観点から9月入学・始業について真剣に検討した時期があった。米英の大学との交流が一層深まり、教員だけでなく学生にとっても大いに刺激を受けるので、日本の大学が世界に向けて飛躍できるきっかけを与える。それゆえ、好ましい制度変更として歓迎する人も多かったように思える。

その意味では9月入学・始業の見送りはわが国の大学にとって残念な結果だったかもしれない。だが、財務の側面から捉えていくとまったく別の見方が浮かび上がってくる。もし翌年9月に実現したならば、4月から8月までの5カ月分の授業料収入が得られないことになる。その年度だけの短期的な問題であるが、最悪の場合、資金ショートが発生する懸念もあったからだ。

授業料の半減化要求は誰もがすぐに財務の問題に結び付けて考えるが、9月入学・始業の制度変更についてそこまで憂慮する関係者は少なかったように思える。どちらであれ大学運営を展開するうえで資金繰りに重大な支障をもたらす大問題である。したがって、コロナ禍を通じて大学経営を取り巻く新たなリスクとともに、資金繰り対策の重要性についても同時に認識するべきである。

(2) 大学の転換

コロナの感染防止から大学のキャンパスが全面的に閉鎖され、対面授業に代わって仕方なく遠隔授業を受けざるを得なくなった学生たちはどのような思いで過ごしているのであろうか。キャンパスが閉鎖されているので本来の対面授業だけでなく、学生同士のサークル活動も停止されたままである。教員や仲間たちと直接触れ合えないのはとても辛いことである。

なかでも新入生はとりわけ複雑な思いでいるだろう。一度も校舎で授業を受けた経験もなく、ただ自宅で遠隔授業を受けるだけである。それでは大学への愛着も感じず、ただ時間だけが過ぎていくだけである。もし第1希望の大学でないなら、来年の入試に向けて新たに受験勉強を始める1年生もいるのではないだろうか。

昔からそうした学生を仮面浪人と呼んでいるが、今回は例年よりも多くなると思われる。大学もそのことがわかっているのだろうか、さまざまな工夫を凝らしながら新入生に大学の魅力を伝える試みを展開している。

もし他大学に移る1年生が多ければ、定員を大幅に割り込むことになる。資金ショートに至らなくても赤字が発生する恐れがある。しかも、2年次、3年次、4年次と3年間にわたって厳しい定員割れが続くため、累積赤字が確実に膨らんでいく。

退学者はなにも新入生だけに限った問題ではない。2年次以上の在学生においても、コロナ禍をきっかけに別の道を歩むものがでてくるかもしれない。その場合も、大学の財務を劣化させる構造はまったく同じである。

その一方で、コロナ禍は大学の運営を変える契機にもなっている。ほとんどの教員がクラスルームやズームといったアプリの操作を未体験のなかで必死に習得し、学生たちに学問の魅力を伝えようと遠隔授業に取り組んでいる。1人では限界があるため、教員同士が操作方法をお互いにネット上で教え合いながら、学生にとって好ましい遠隔授業を追及している。

こうした姿勢は教授会でも行われ、絶えず教育の視点に立った議論が積極的に行われている。教授方法を議論するのが本来の教授会であるのだから、当然のことと思われるかもしれない。だが、ひと昔前なら理事会の専決事項にも関わらず、授業料の決定など大学経営の根本的なテーマを延々と論じるのが教授会の姿であった。その意味ではコロナ禍は教授会を教育に押し戻す力を与えたように見える。

大学は極めて会議が多いうえ、長いのが一般的である。それでは大学の使命である教育・研究活動を犠牲にしてしまう。だが、コロナ禍でWEB会議が始まると、効率的な議論が展開できるようになった。1カ所に集まって議論する今までのスタイルが、いかに無駄が多かったかがわかるようになった。

　こうして見ていくと、コロナ禍は大学を好転させる要因も持ち合わせている。その一方で、財務の問題が突如として表面化すれば、大学の運営は停止してしまう。そのためには、いままで述べてきたように資金の流れを入念にチェックしながら、資金ショートの発生を抑えるように絶えず注意しなければならない。このことはコロナ禍から得た最大の教訓である。

第5章　主要私立大学の経営メカニズム
―活動区分資金収支計算書から見た大学経営―

第1節　会計の側面から見た大学経営

(1) 私立大学の計算書類

今日の私立大学は施設設備を充実させながら、教育研究活動を着実に進めている。とりわけキャンパス整備の充実ぶりは目を見張るものがある。いくつもの巨大なキャンパスを抱え、最新設備の近代的な教育研究棟が次々と建設されている。学生にとっても教員にとっても好ましい環境が生み出されている。

本章の目的は確実な歩みを見せる私立大学を対象にしながら、その経営メカニズムを会計の側面から説明することにある。周知のように決算期ごとに計算書類として、事業活動収支計算書、資金収支計算書、貸借対照表が発表されている。大学経営の実態を把握するうえで必要不可欠な資料である。

そのほかに資金収支計算書から派生した計算書類として、活動区分資金収支計算書も発表されている。企業会計で採用されているキャッシュ・フロー計算書のように活動ごとの収支状況を明確に示すために作られたものである。これを用いれば複雑な大学経営の実態がすぐに理解できるだけでなく、事業活動収支計算書や貸借対照表へのつながりも明らかになる。それにも関わらず、活動区分資金収支計算書を活用した解説は少ないように感じる。

それは、学校法人の計算書類の様式変更が2015年度から適用され、そのなかに活動区分資金収支計算書が初めて取り入れられたため、十分な時間が経過していないことも影響しているのだろう。それでも資金の大雑把な流れしか把握できない資金収支計算書に比べれば、はるかに有益な計算書である。これを用いれば、大学経営の実態が正確に把握できるだけでなく、今後の方向性を見るうえでも極めて役立つと思われる。

(2) 活動区分資金収支計算書の仕組み

さっそく、見ていくことにしよう。**図表5－1**は資金収支計算書と活動区分資金収支計算書の関係をわかりやすく描いたものである。資金収支計算書では、資金収入と資金支出の差額が前年度繰越支払資金に加わることで、翌年度繰越支払資金が導き出されていく。現預金の流れを把握しながら、最終的にどれだけ現預金が蓄積されていくかを表している。

だが、これだけでは資金収入と資金支出の細かな対応関係が曖昧である。その欠点を克服したのが活動区分資金収支計算書である。ここでは教育活動資金、施設整備等活動資金、そ

図表5－1　資金収支計算書と活動区分資金収支計算書の関係

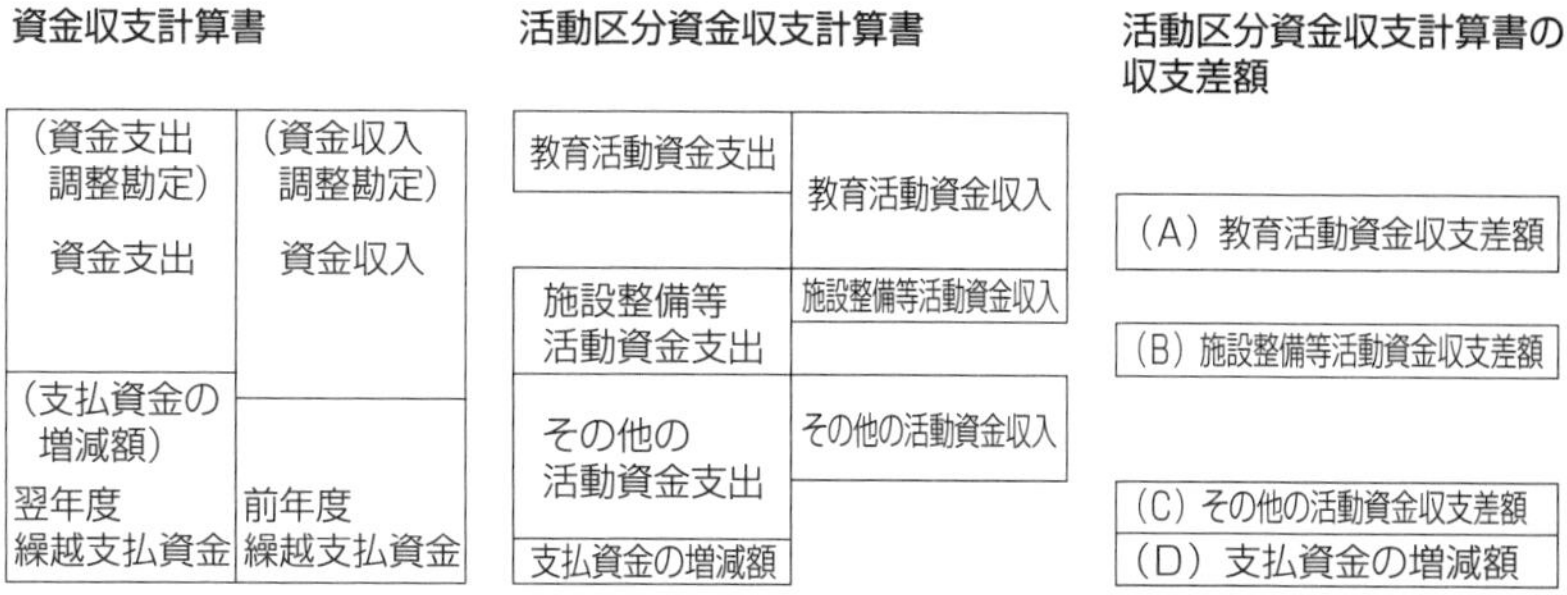

の他の活動資金そして最終的な現預金の増減を示す支払資金に分けられている。

大学本来の事業であるソフト面の教育研究活動に伴って発生する資金の流れが教育活動資金であり、ハード面で必要なキャンパス整備や校舎等に費やす資金の流れが施設整備等活動資金となる。教育活動資金は収入が支出を上回るのが常態となっているので、収支差額が黒字となる大学がほとんどである。

それに対して、施設整備等活動資金は一般的に収入よりも支出が多いため、赤字分を埋め合わせるように黒字の教育活動資金の一部が流れていく。さらにその他の活動資金も同様に収入よりも支出が多ければ、こちらのほうにも資金が流れていく。

このようなプロセスを経ながら全体の資金収入が資金支出を上回れば、支払資金の増減額が黒字となり、現預金残高が増えていく。こうして教育活動資金収支差額の資金は、施設整備等活動資金収支差額、その他の活動資金収支差額、

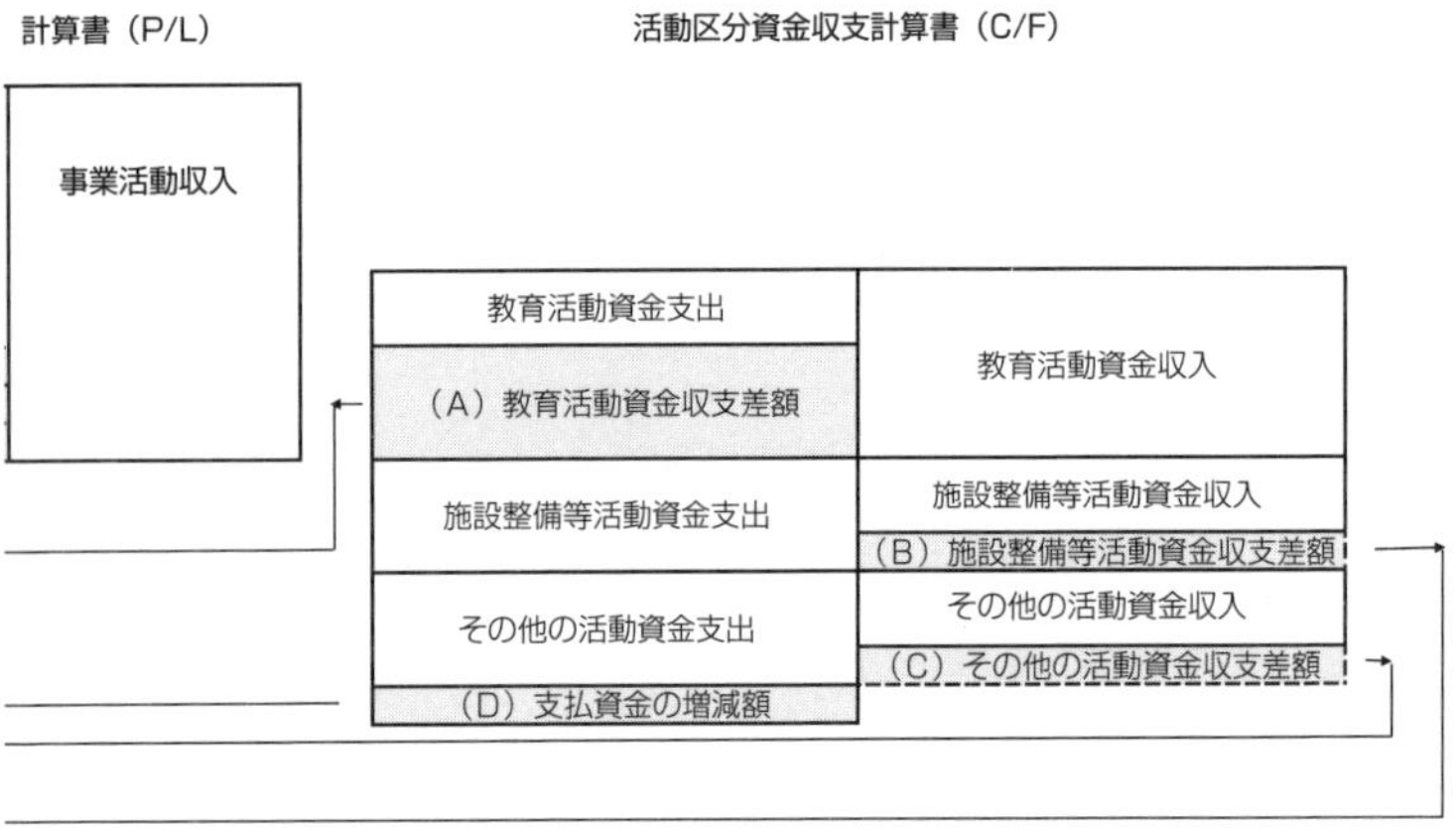

そして支払資金の増減額といった項目に流れていく。

教育活動資金収支差額という上流の水が最初に施設整備等活動資金収支差額に流れ、次にその他の活動資金収支差額という中流の水に、そして支払資金の増減額という下流の水に到達する構図となっている。

(3) 大学資金の一連の流れ

次に**図表5−2**は活動区分資金収支計算書（C／F）と事業活動収支計算書（P／L）そして貸借対照表（B／S）との関係を示したものである。C／FとP／Lの対応関係に注目すると、C／Fの教育活動資金収支差額はP／Lの減価償却費、基本金組入、当年度収支差額を合わせた金額に相当する。

これらのフロー項目はそれぞれB／Sの右側

図表5－2　私立大学の計算書類の全体像

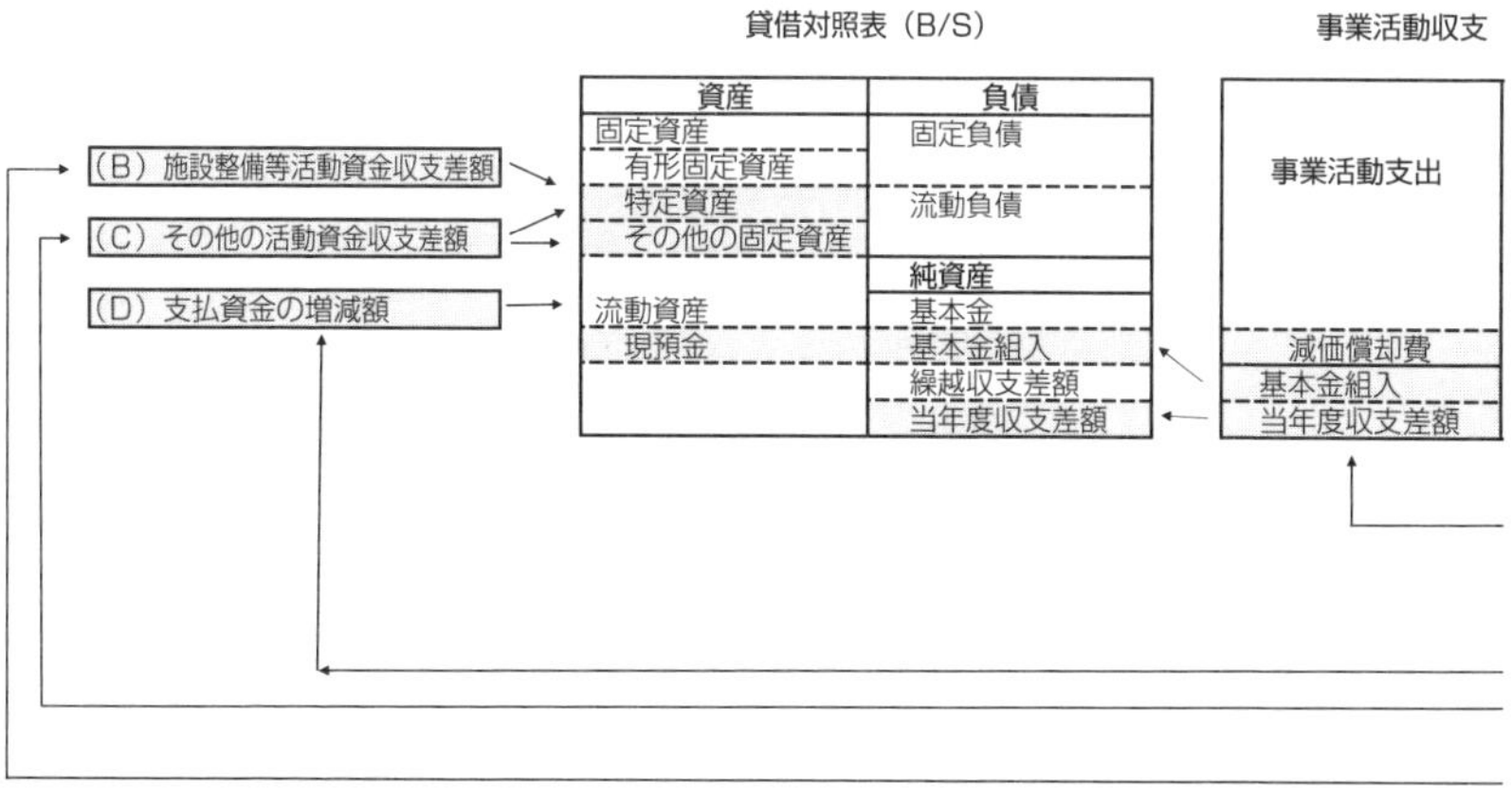

（貸方）のストック項目に流れていく。このうち基本金組入はB／Sの基本金組入へ、そして当年度収支差額はB／Sの当年度収支差額に向かっていく。

それに対してC／Fの施設整備等活動資金収支差額はB／Sの左側（借方）にある特定資産へ、そしてC／Fのその他の活動資金収支差額はその他の固定資産に流れていく。最終的に決定づけられたC／Fの支払資金の増減額は、B／Sの流動資産の現預金を形成していく。

こうして見ていくとわかるように、活動区分資金収支計算書の3種類の収支差額は、それぞれ事業活動収支計算書そして貸借対照表のそれぞれの項目に流れていく。なかでも教育活動資金収支差額が大学経営にとって重要な要因であることが認識できる。大学経営が持続可能な発展を遂げるには、まずは十分な金額の教育活動資金収支差額を確保できなければ難しい。

その資金が毎期にわたって膨らみ続ければ、施設整備だけでなく教育研究内容も時間の経過とともに充実していく。さらに自己資本比率も上昇し、大学経営は一層安定化する。したがって、教育活動資金収支差額に注目することは、大学経営の実態を見るうえで最も重要な視点といえる。

同時に施設整備等活動資金収支差額とその他の活動資金収支差額についても十分に注意を払う必要がある。施設整備等活動資金収支差額は、主として将来の設備投資に向けた資金である。この金額を見ることでキャンパス整備への取組状況がある程度把握できる。また、その他の活動資金収支差額は有価証券等の購入に充てられるため、大学の資産運用資金の流入状況が把握できる。

これら2種類の収支差額から教育活動資金収支差額の資金がどのように用いられているかを知ることができる。その資金配分を見ながら大学の将来像が読み取れるのではないだろうか。

(4) 3段階の意思決定メカニズム

いままで述べてきたことをまとめると、3段階の意思決定メカニズムとして整理できる。
図表5−3はそのために描かれた「資金収支の基本調整プロセス」と呼ぶモデル図である。

図表5－3　資金収支の基本調整プロセス

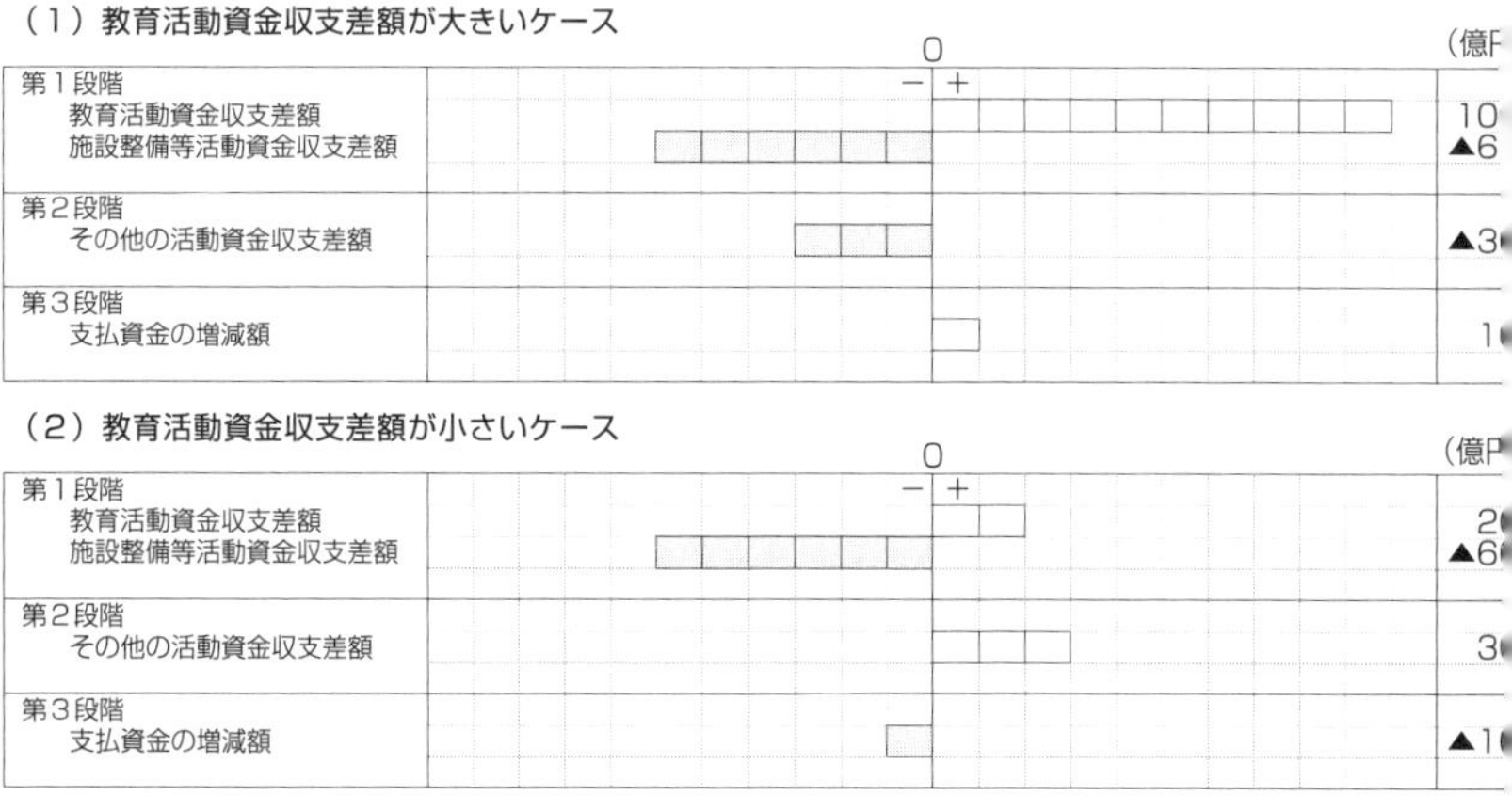

まず、教育活動資金収支差額が大きいケースから説明していこう。ここでは教育活動資金収支差額として１００億円の黒字が発生したと想定している。大学はこの資金を2段階に分けて分配していく。第1段階は施設整備等活動資金収支差額の赤字であり、60億円が流れていく。この金額は長期にわたる経営ビジョンから計画づけられたものであり、ほぼ固定化された金額である。

第2段階ではその他の活動資金収支差額の赤字を30億円としている。つまり、１００億円から60億円を引いた40億円のうち30億円が、その他の活動資金収支差額として流れていく。教育活動資金収支差額が大きいので余裕資金が発生し、その資金がその他の活動資金収支差額の赤字に向かっていくのである。そして第3段階は支払資金の増減額であり、最終的な余剰資金である10億円が黒字として発生する。

次に教育活動資金収支差額が小さいケースを見てみよう。教育活動資金収支差額が20億円の黒字であり、最初のケースの１００億円と比較してかなり小さな金額である。第１段階では60億円が施設整備等活動資金収支差額の赤字に向かっていく。それでは40億円の資金不足が生じる。

そこで第2段階の決定として、その他の活動資金収支差額からそのうちの一部である30億円が生み出される。具体的には有価証券等の売却益が資金源となる。本来ならば40億円を確保したいところであるが、相場の状況から判断して無理な場合も多い。そのため第３段階の決定として支払資金の増減額から残りの10億円を捻出する。

このようにして教育活動資金収支差額が大きければ、第1段階で施設整備等活動資金収支差額の赤字に充てられ、第2段階ではその他の活動資金収支差額の赤字の穴埋めに向かう。さらに余剰資金があれば第3段階において現預金の積み増しが行われ、支払資金の増減額は黒字となる。

反対に教育活動資金収支差額が小さければ、第1段階で余剰資金が不足するので、第2段階においてその他の活動資金収支差額から資金を捻出する。それでも不足する場合は現預金の取り崩しが行われ、支払資金の増減額が赤字となる。

第2節　早稲田大学の活動区分資金収支計算書

（1）5年間の時系列データ

活動区分資金収支計算書の構造ならびに他の計算書類との関係について説明してきた。本節では大学の決算書から具体的に数字を取り出しながら、その特徴を確認していきたい。アプローチとして最初に私立大学の代表格である早稲田大学の活動区分資金収支計算書を取り上げ、２０１５年度から２０１９年度の５年間にわたる動きを捉えていくことにしよう。

図表5－4　早稲田大学の活動区分資金収支計算書

	2015年度	2016年度	2017年度	2018年度	2019年度
教育活動資金収支差額	12,268,777,541	11,418,973,855	11,544,479,786	12,122,482,728	14,164,936,868
施設整備等活動資金収支差額	▲7,946,555,471	▲7,303,165,528	▲7,145,133,046	▲9,544,880,642	▲13,103,178,174
小　計	4,322,222,070	4,115,808,327	4,399,346,740	2,577,602,086	1,061,758,694
その他の活動資金収支差額	▲4,866,497,642	3,161,796,996	▲13,422,219,394	▲2,540,759,901	▲13,759,684,351
支払資金の増減額	▲544,275,572	7,277,605,323	▲9,022,872,654	36,842,185	▲12,697,925,657
前年度繰越支払資金	35,304,876,008	34,760,600,436	42,038,205,759	33,015,333,105	33,052,175,290
翌年度繰越支払資金	34,760,600,436	42,038,205,759	33,015,333,105	33,052,175,290	20,354,249,633
（参考）資金収入の部合計	144,793,006,670	147,583,689,903	154,452,779,481	147,435,285,646	152,675,477,597

（注）単位：円

図表5−5　活動区分資金収支計算書の構造と積み立げ棒グラフ

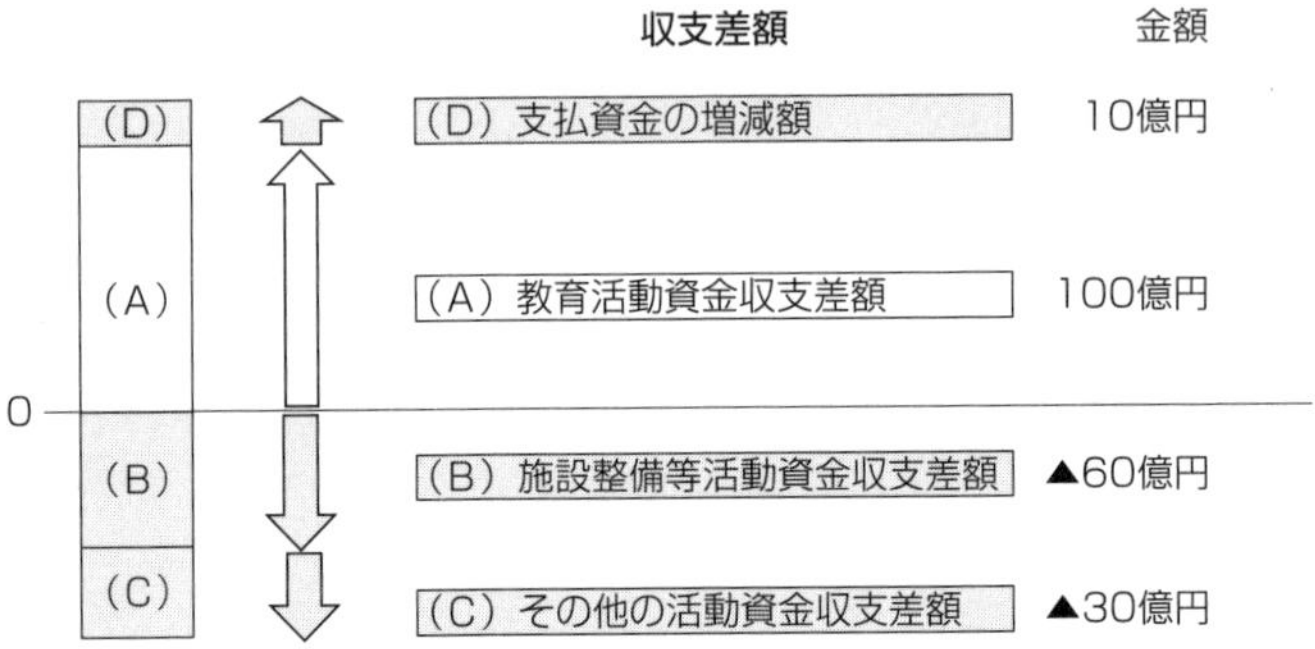

図表5−4は、早稲田大学の活動区分資金収支計算書の時系列データを並べたものである。一般的に教育活動資金収支差額の黒字が施設整備等活動資金収支差額の赤字を完全に埋め合わせるのが、健全な大学経営の基本として考えられている。早稲田大学はその姿勢をしっかりと堅持している。

この条件を満たしたうえで余剰資金が生じれば、その他の活動資金収支差額の赤字に吸収されていく。さらに余剰資金があれば支払資金の増減額が黒字となり、その金額を前年度繰越支払資金に上乗せしたものが翌年度繰越支払資金となる。こうした一連の流れが円滑に進めれば、大学は着実な発展を見せる。

早稲田大学を見ると、必ずしもこの動きに一致しているわけではない。その他の活動資金収支差額はほとんどの年度が赤字であるが、２０１６年度のように黒字の場合もある。また、支払資金の増減額は増えるよりも持ち出し状態の年度のほうが多い。そ

図表5－6　早稲田大学の活動区分資金収支計算書

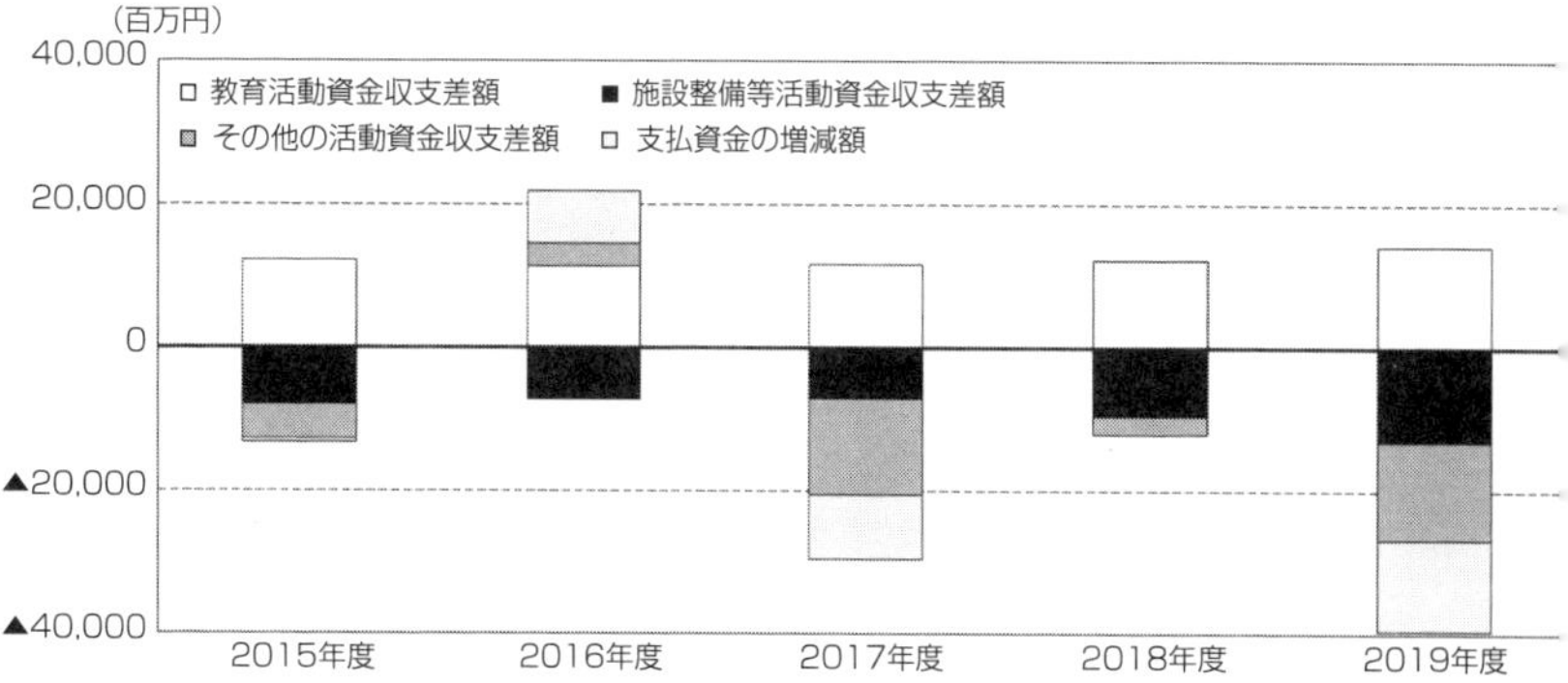

のため翌年度繰越支払資金が前年度繰越支払資金を下回っていたりする。

そうした資金収支の動きを観察するには数字だけでなく、図による表現も必要であろう。**図表5－5**は、活動区分資金収支計算書の構造を簡単な積み上げ棒グラフで示したものである。

ここでは先ほどの事例をそのまま取り上げている。つまり、100億円の（A）教育活動資金収支差額の黒字があり、そのうち60億円が（B）施設整備等活動資金収支差額の赤字に流れ、さらに30億円が（C）その他の活動資金収支差額の赤字に向かっていく。最終的に10億円の（D）支払資金の増減額が発生する。

これらのプロセスを1本の積み上げ棒グラフで描くことから、その大学の資金収支の状況がすぐに把握できる。**図表5－6**は、実際に早稲田大学の活動区分資金収支計算書を図表5－4の数字に基づいて作成したものである。数字だけでなく積み上げ棒グラフも活用しながら資金収支の動きを追えば、大学の経営状態が正確に把握できる。

(2) 資金収支の財務指標

その一方で、大学経営の実態を簡潔かつ正確に捉えるには、財務指標を作成したほうがもっとわかりやすい。**図表5−7**は、4種類の資金収支差額から独自の財務指標を求めたものである。定義は次の通りである。

収益指標(%)=教育活動収支差額/資金収入の部合計額×100
投資指標(%)=施設整備等活動資金収支差額/資金収入の部合計額×100
運用指標(%)=その他の活動資金収支差額/資金収入の部合計額×100
増減指標(%)=支払資金の増減額/資金収入の部合計額×100

収益指標は、資金収入の部合計額に対してどれだけ教育活動収支差額を得ているかを示している。この割合が高いほど、施設整備やその他の活動に多くの資金を回せることになる。したがって、大学経営にとって収益指標は最も注目すべき数値である。次に関心を払うべき財務指標は投資指標、運用指標そして増減指標である。同じく全体の資金収入に対するそれ

図表5－7　早稲田大学の資金収支の財務指標

	2015年度	2016年度	2017年度	2018年度	2019年度
収益指標（%）	8.47	7.74	7.47	8.22	9.28
投資指標（%）	▲5.49	▲4.95	▲4.63	▲6.47	▲8.58
運用指標（%）	▲3.36	2.14	▲8.69	▲1.72	▲9.01
増減指標（%）	▲0.38	4.93	▲5.84	0.02	▲8.32

（注）収益指標＝教育活動収支差額／資金収入の部合計×100，投資指標＝施設整備活動資金収支差額／資金収入の部合計×100，運用指標＝その他の活動資金収支差額／資金収入の部合計×100，増減指標＝支払資金の増減額／資金収入の部合計×100

図表5－8　早稲田大学の資金収支の経営指標

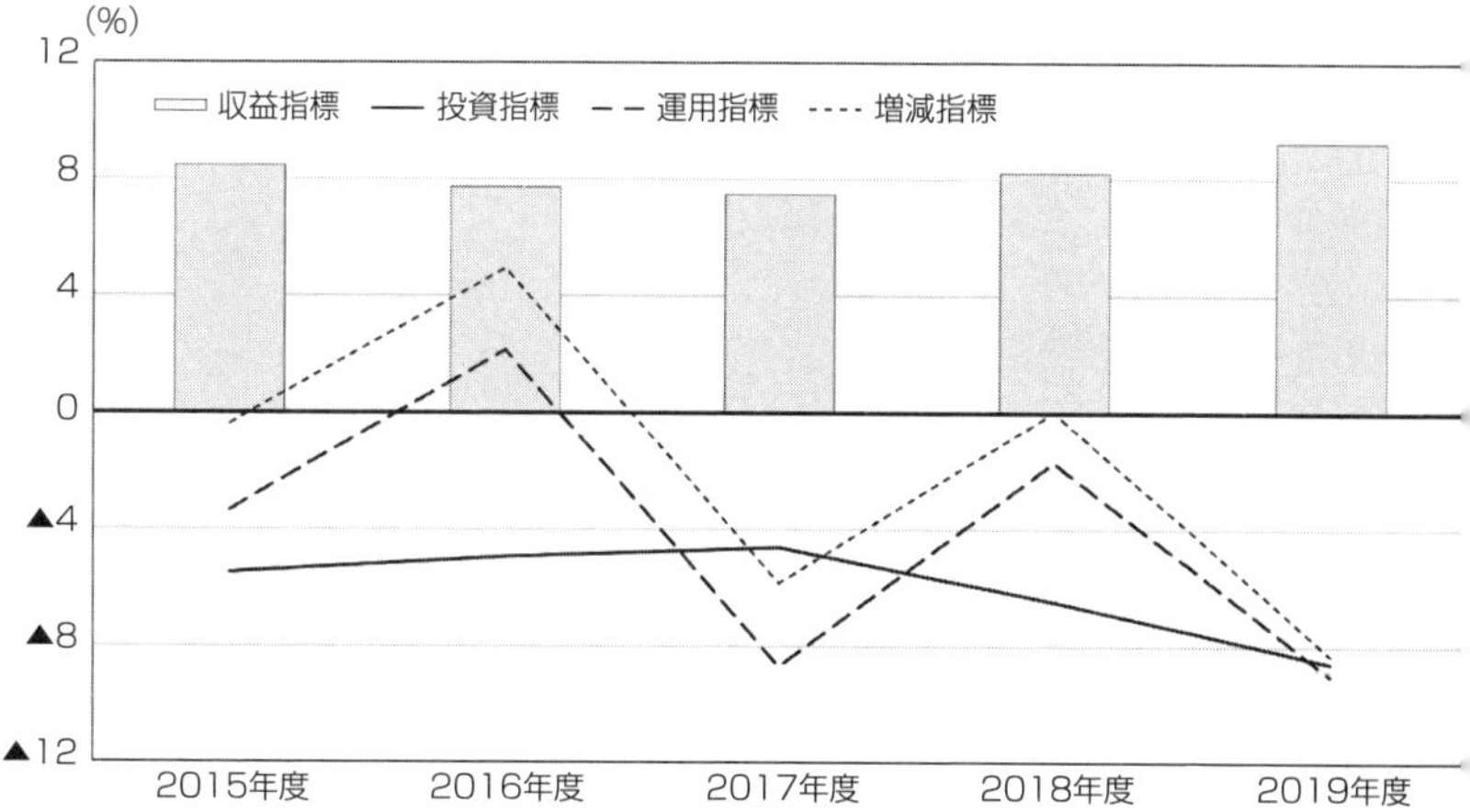

ぞれの資金収支差額の割合を示している。

これらの財務指標を棒グラフと折れ線グラフで描いたのが、**図表5－8**である。これを見ると、大学経営の特徴が一目でわかる。収益指標を取り上げると、安定的な動きをしていることから、早稲田大学は5年間にわたって着実に教育活動収支差額を生み出しているのが確認できる。

また、投資指標もほぼ変わらない動きをしていることから、施設整備等に向けて持続的かつ安定的に資金が振り向けられている実態がわかる。まさに理想的な方向へ歩んでいる様子がこれらの財務指標から知ることができる。

それに対して運用指標と増減指標は、先ほども指摘したように変則的な動きを繰り返している。資金収支の基本調整プロセスで描いたような流れを示さないケースが見られる。

例えば教育活動収支差額が大きい場合、施設整備等に振り向ける金額が毎年度にわたってほぼ同じであれば、余剰資金が生じる。本来ならば、その資金はその他の活動資金収支差額の赤字を埋め、さらに余剰資金が生じれば支払資金の増減額が黒字となる。そうすれば運用指標はマイナスであり、増減指標はプラスとなる。

逆に教育活動収支差額が小さい場合は、その他の活動資金収支差額の黒字そして支払資金の増減額が赤字になる。その時は運用指標がプラスであり、増減指標はマイナスとなる。

そうした資金収支のパターンが完璧な形で成立しているのは2018年度だけであり、他の年度では別の動きを展開している。投資指標はどの年度もマイナスであり、施設整備等に向けた活動資金の確保を最優先にしている実態は読み取れる。だが、運用指標と増減指標は基本調整プロセスとは異なった動きを見せる年度が目立つようである。

それでは、こうした経営スタイルは私立大学として一般的なのであろうか。次に主要私立大学を取り上げながら確認していきたい。

第3節　主要私立大学の活動区分資金収支計算書

(1) 資金収支の基本的な流れ

前節で試みた資金収支の分析を主要私立大学にも当てはめていこう。ここでは2019年度を対象にした各大学の活動区分資金収支計算書と資金収支の財務指標から分析を進めていく。なお、財務指標を扱うケースでは2校だけがホームページ上からデータが得られなかったため、全33校から2校を引いた31校を対象としている。

さっそく、全体像から見ていこう。**図表5－9**は活動区分資金収支計算書を構成する4種類の収支差額を積み上げ棒グラフで示したものである。これだけではわかりにくいので、**図表5－10**では財務指標も描かれている。

ほとんどの大学で教育活動資金収支差額が黒字であることから、収益指標はプラスの状態

図表5－9　主要私立大学の活動区分資金収支計算書（2019年度）

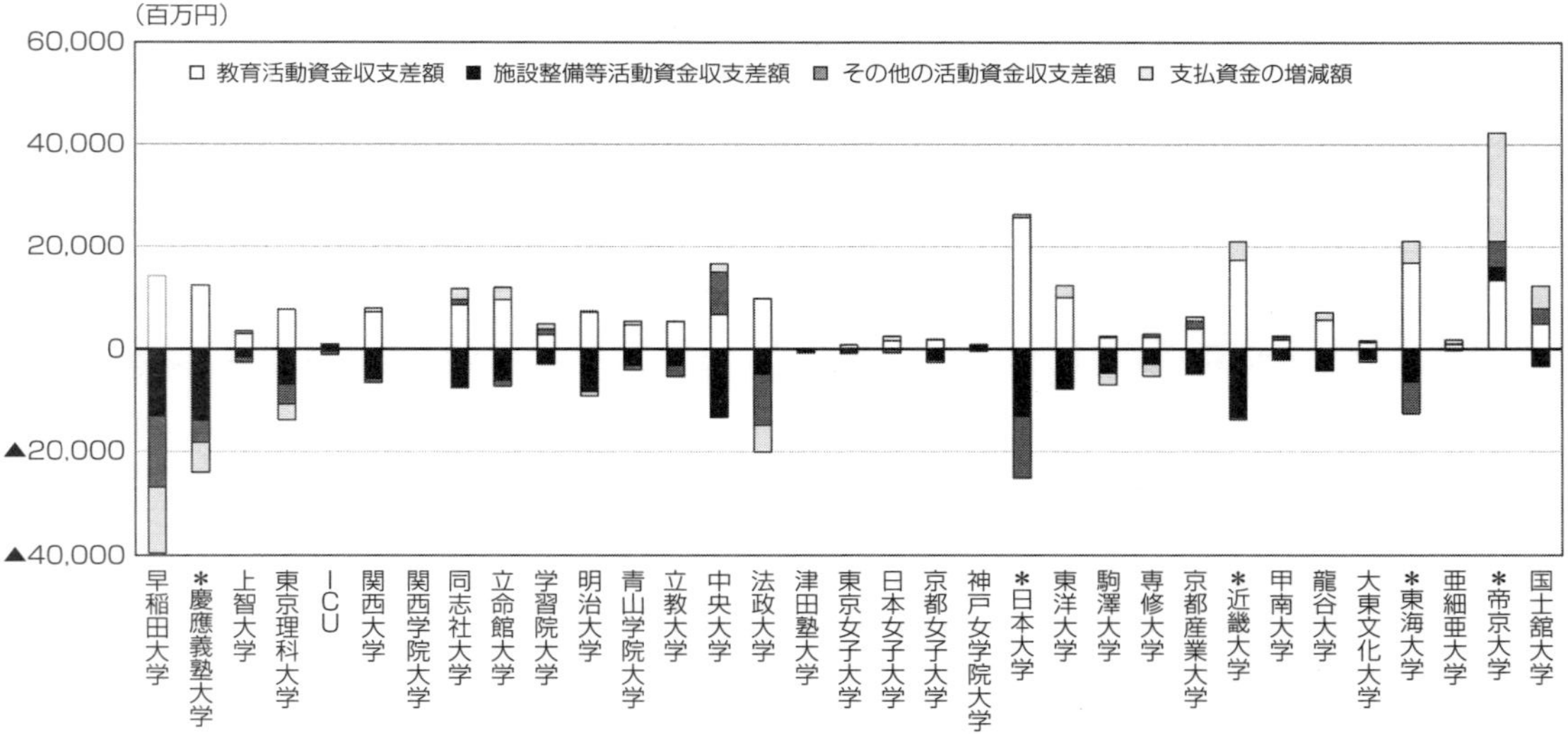

図表5−10　主要私立大学の財務指標

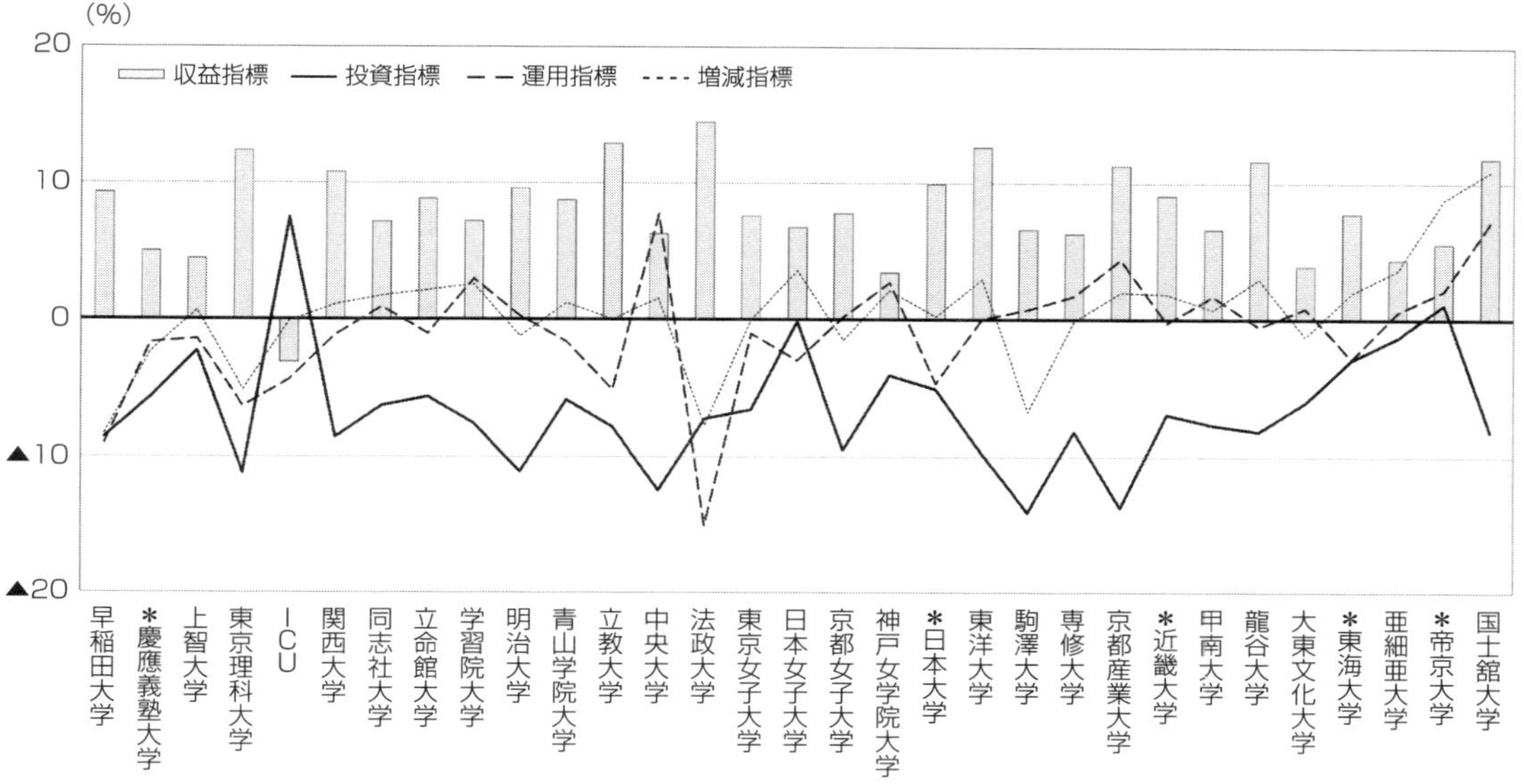

(%)
20
10
0
▲10
▲20
収益指標
投資指標
運用指標
増減指標
早稲田大学
＊慶應義塾大学
上智大学
東京理科大学
ICU
関西大学
同志社大学
立命館大学
学習院大学
明治大学
青山学院大学
立教大学
中央大学
法政大学
東京女子大学
日本女子大学
京都女子大学
神戸女学院大学
＊日本大学
東洋大学
駒澤大学
専修大学
京都産業大学
＊近畿大学
甲南大学
龍谷大学
大東文化大学
＊東海大学
亜細亜大学
＊帝京大学
国士舘大学

にある。それに対して施設設備等活動資金収支差額は赤字であることから、投資指標はマイナスとなっている。このことから、教育活動から生み出された資金が施設設備に流れている様子がわかる。

図表5―11は収益指標と投資指標の散布図である。プラスの収益指標とマイナスの投資指標に囲まれた領域に収まっている様子がわかる。さらに相関係数を求めると、▲0.639となり、両者の間には負の相関が見られる。収益性が高い大学ほど投資への取り組みが積極的であることが確認できる。

収益指標が投資指標を上回れば、余剰資金は資産運用の蓄積に向かっていく。その時は運用指標のマイナスの幅は広がっていく。逆に資金不足の場合は資産運用の取り崩しから資金が賄われる。そうであれば運用指標はプラスの値を示す。そこで、収益指標が投資指標をどれだけ満たしているかを見るため、両者の差を求めよう。その指標を充足状態と呼ぶことにする。

図表5―12は横軸に充足状態を取り、縦軸に運用指標を置いた散布図である。これを見ると、充足状態がプラスの大学は運用指標がマイナスの場合が多い。余剰資金が運用資金として流入していくからである。一方、充足状態がマイナスの大学も多く、運用指標はプラスの傾向にある。それは不足資金が運用資金から流出していくからである。

両者の関係を求めると、負の相関が見られる。相関係数は▲0.511である。余剰資金が増えるにつれて、運用資金への流入が拡大していく傾向が読み取れる。反対に不足資金が

図表5－11　主要私立大学の収益指標と投資指標の散布図（2019年度）

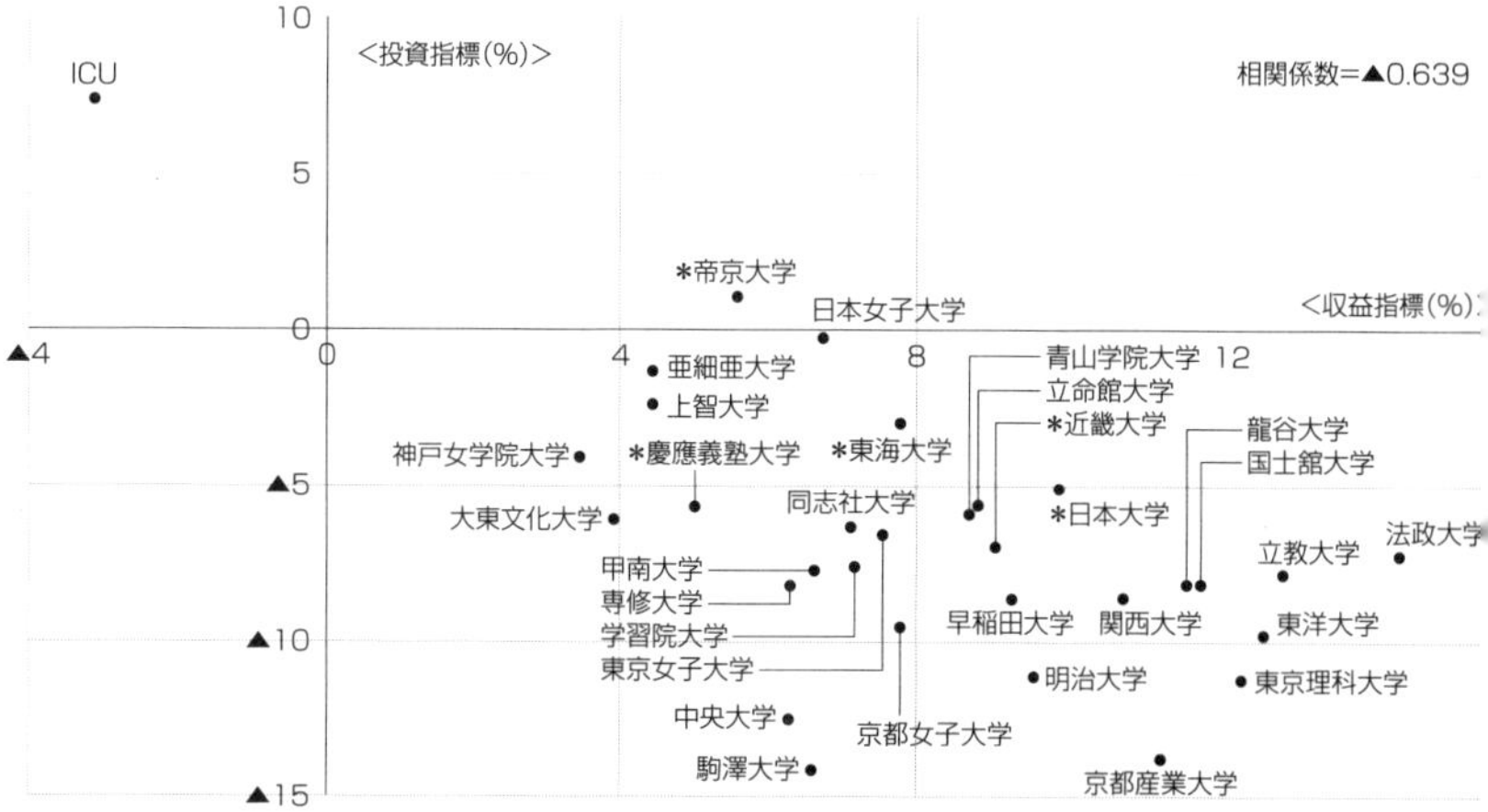

図表5－12　主要私立大学の充足状態と運用指標の散布図（2019年度）

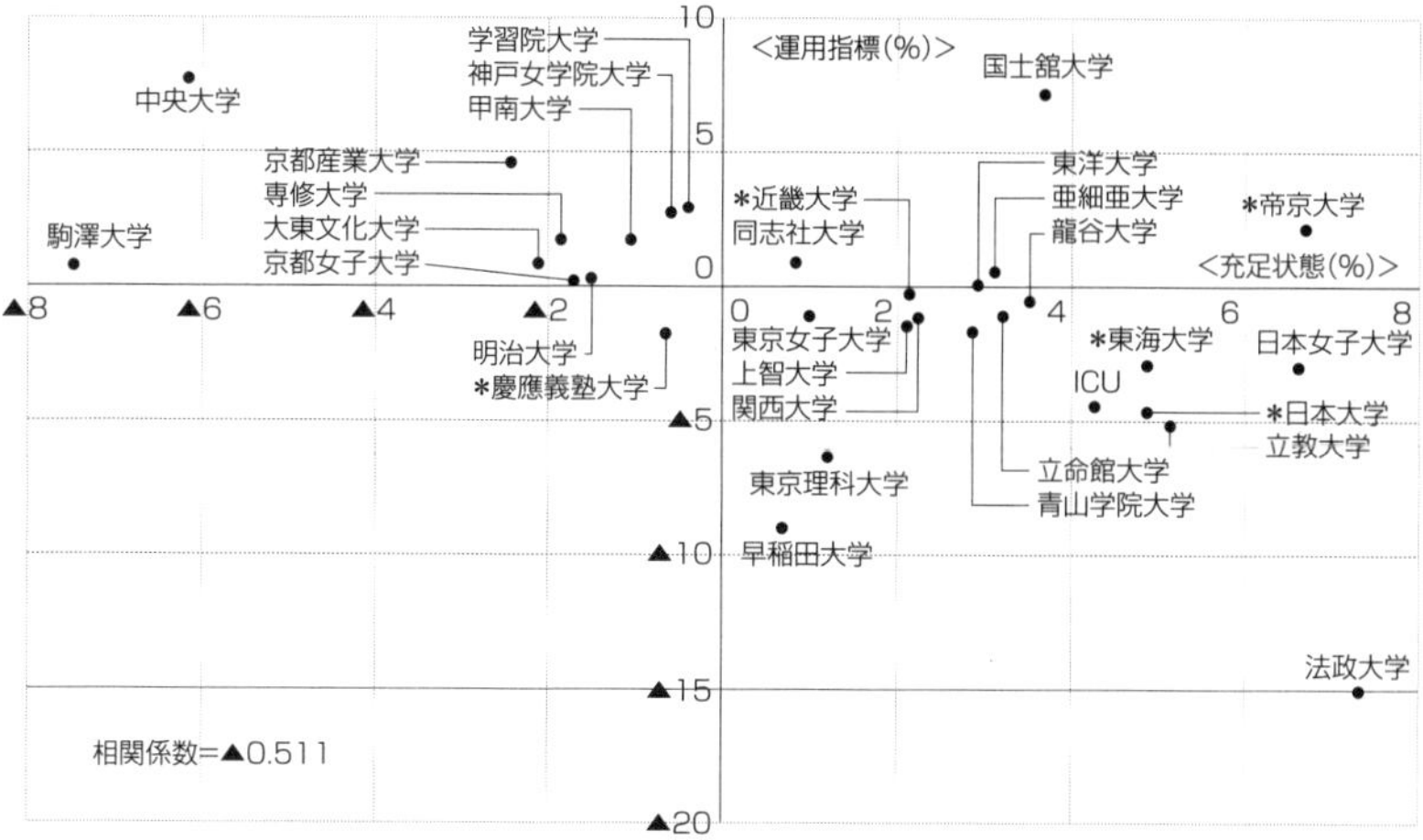

図表5−13　主要私立大学の運用指標と増減指標の散布図（2019年度）

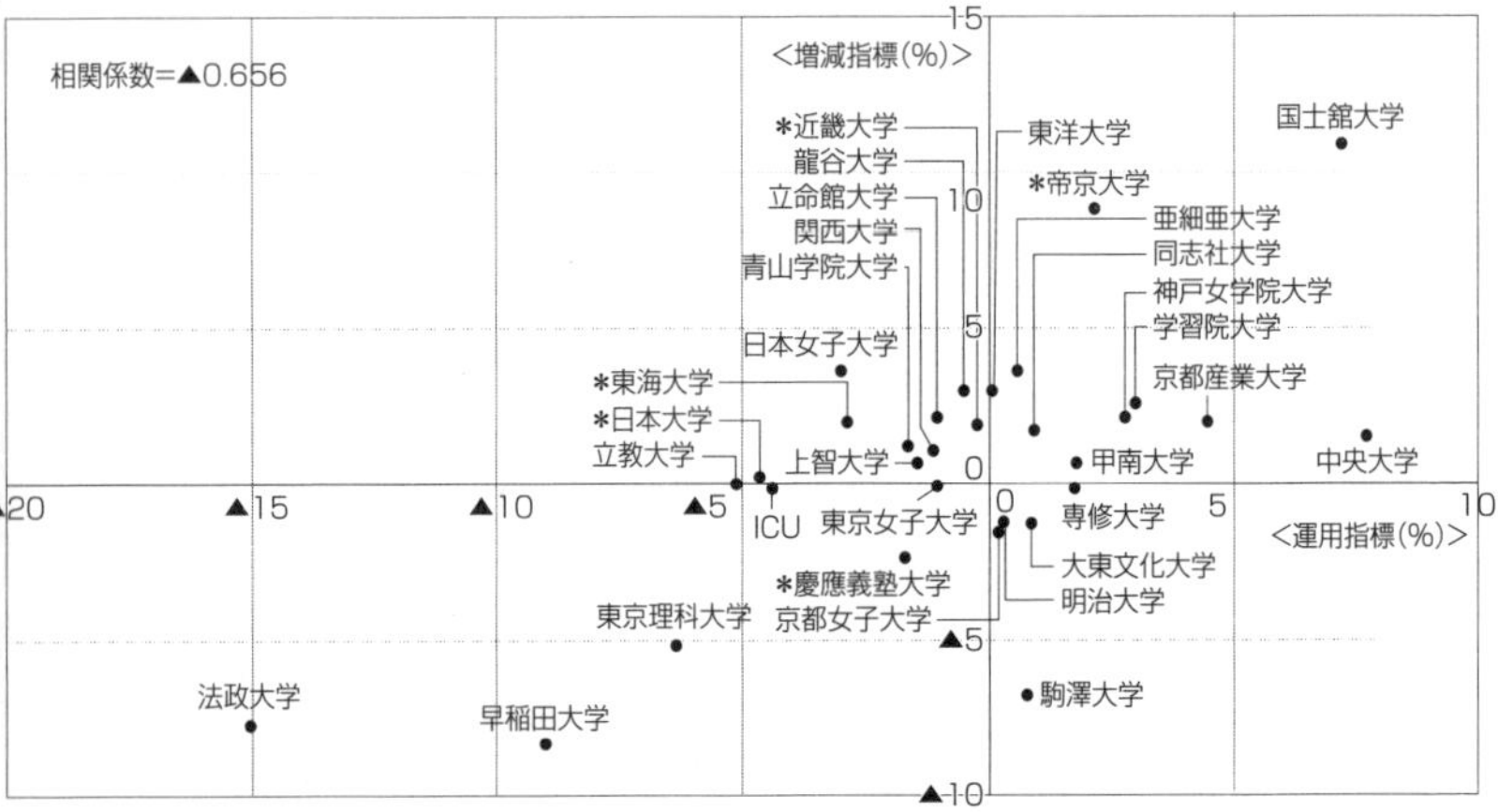

増えるほど運用資金からの資金流出が増えることになる。

(2) 資金収支の運用調整プロセス

こうして見ていくと、資金収支の基本調整プロセスがそのまま当てはまるように思えるかもしれない。だが、運用指標と増減指標の関係は違っている。**図表5—13**は運用指標と増減指標の散布図を描いたものである。両者の相関係数は0・656であり、正の相関を示している。基本調整プロセスのもとでは両者は反対方向に動くが、実際のデータを調べると同じ方向に変化している。

教育活動収支差額の流れとは別に資産運用が独自に実行されているからである。資金不足であっても運用資金を積み立てようとすれば、現預金の取り崩しを行う必要がある。そ

図表5－14　資金収支の運用調整プロセス

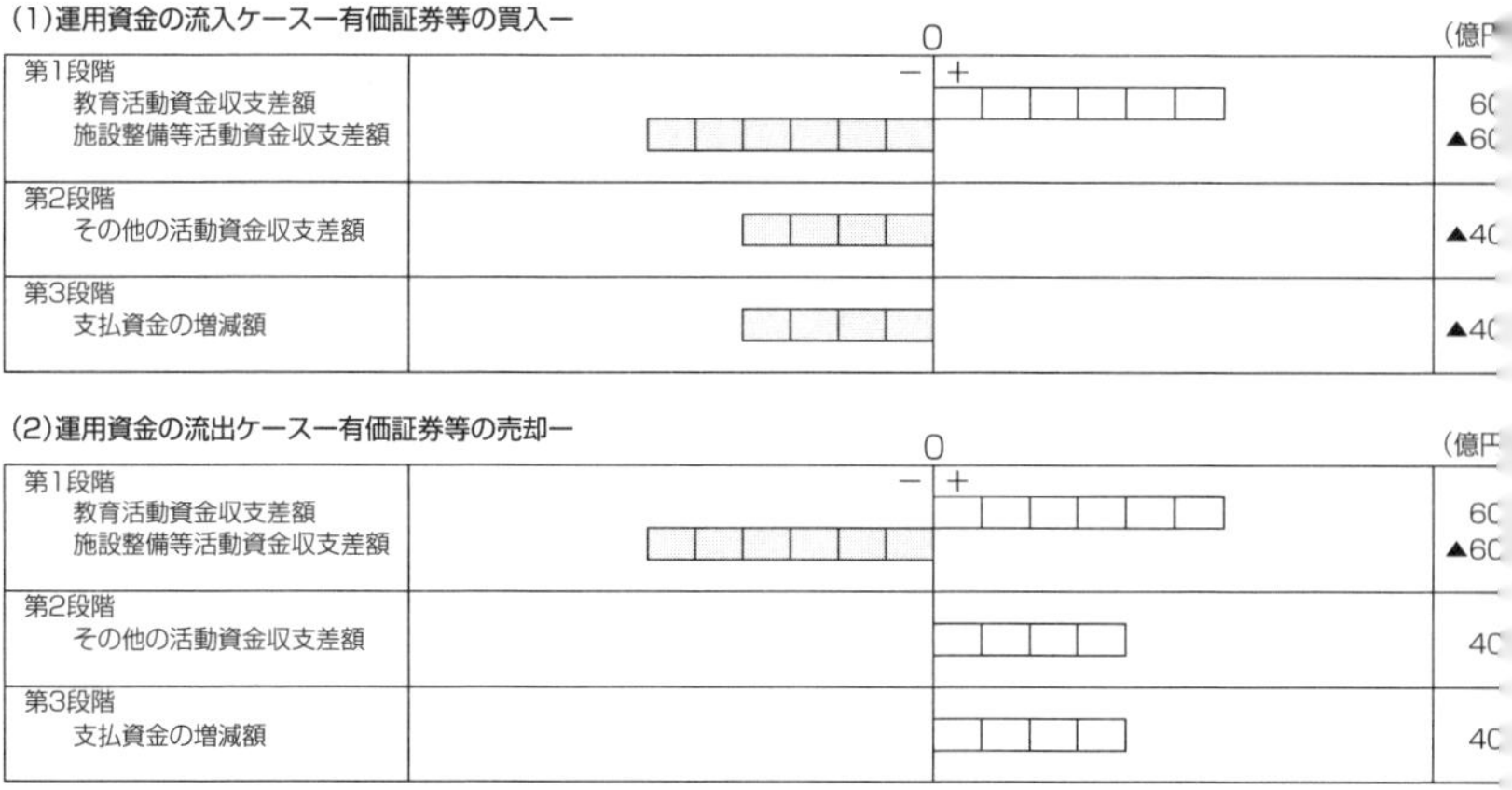

のため運用指標も増減指標もマイナスとなる。また、資金余剰であっても運用資金を引き出せば運用指標はプラスとなり、現預金の積み増しから増減指標もプラスとなる。

図表5－14は「資金収支の運用調整プロセス」と呼ぶモデル図である。資産運用が独自に実行される2つのケースを示している。1つは有価証券等の買い入れから運用資金が流入するケースである。ここでは第1段階の教育活動資金収支差額が60億円であり、施設整備等活動資金収支差額は▲60億円としているので、余剰資金はゼロとなる。こうしたなかで第2段階において運用資金を40億円だけ積み増しを行うため、現預金の取り崩しを行わざるを得ない。そのため、支払資金の増減額は▲40億円となる。

もう1つは有価証券等の売却から運用資金

が流出するケースである。第1段階の余剰資金をゼロと仮定しているので、第2段階において40億円が流出すれば現預金の増減額は40億円となる。どちらのケースにおいても資産運用の立場から独自に資金を動かせば、運用資金と現預金は同じ方向へ動いていく。

大学の事情によって運用資金と現預金の増減額が反対方向であったり、あるいは同方向であったりするが、それは資金収支の基本調整プロセスと運用調整プロセスの勢いの相違にある。基本調整プロセスのほうが運用調整プロセスよりも資金移動の規模が大きければ、反対方向に動くであろう。逆に、運用調整プロセスのほうが大きければ同方向に動いていく。

(3) 経営リスクを吸収する準備資産の役割

いままで資金収支の流れについて探ってきた。まず、施設整備等を拡充するための資金確保が経営の最優先事項であり、その条件を満たす手段として教育活動資金が充てられる。次にその他の活動資金が基本調整手段あるいは運用調整手段として活用され、最終的には現預金が支払資金の増減額として決定づけられる。

このような流れを見ていくと、その他の活動資金収支差額が向かっていく貸借対照表上の特定資産ならびにその他の固定資産は本来の役割と違って、資金調整を担う役割に転化しているように思われる。本来の役割は有価証券等の運用による利息・配当金の獲得にあり、大学収入に貢献することである。

同様に施設整備等活動資金収支差額も貸借対照表上の特定資産等を形成する要因となっている。すぐに有形固定資産に振り替わるわけではないので、ある期間、資金として蓄積されていく。それゆえ、この資金も無視できない存在である。

基本調整手段であれ運用調整手段であれ、資金の流出入が頻繁に行われると、長期的かつ安定的な資産運用が難しくなる。これでは高い運用収益が得にくい。連続的に資金が流入し続ければ計画的な運用も可能となるが、大学の事情によって変則的に資金の流出入を繰り返せば運用の効率性は著しく劣化する。

もし調整手段としての役割が重視されると、短期の有価証券等を中心とした運用にならざるを得ない。そう考えれば、特定資産ならびにその他の固定資産は極めて流動性の高い運用でなければならない。だが、高い運用成果を求めれば長期の運用で臨もうとするので、流動性の制約から予想外の損失が発生する恐れがある。

その意味では支払資金の増減指標がプラスであったりマイナスであったりするのは納得できる。単に運用に絡めた動きだけでなく、貸借対照表上の現預金の増減を通じてあらゆる資金調整が完全に行えるからである。運用資金の取り崩しが難しい場合でも、現預金を取り崩せばよい。これならば円滑な大学運営が可能となる。

大学によっては積極的な資産運用から保有する現預金を調整手段として組み入れているところもあるだろう。そう考えれば、現預金を含む貸借対照表上の流動資産も調整手段の事例として挙げられる。

以上のことから、その他の活動資金収支差額や支払資金の増減額は調整手段として利用されているといえる。そのことを認識すれば、これらの資金が行き着く先の貸借対照表上の特定資産やその他の固定資産そして流動資産は、大学資金を保有する貯水池のような役割を果たしていると解釈できる。必要な時に自由に水を汲みだす働きが似ているからである。

一般企業で表現すれば、十分な内部留保を抱えた状態にある。そのなかでも株式会社ならば最大の収益を生み出すように余裕ある資金を投資に向けるのが本来の在り方であろう。だが、大学を見る限りではそうした積極的な姿勢は感じられない。

むしろ、あらゆる経営リスクを吸収する準備資産としての色彩が強いように思われる。施設設備等の資金不足だけに留まらず、予想外の損失の穴埋めも資産の取り崩しから十分に対応できる体制が取られている。主要私立大学はキャンパス整備を円滑に推し進めながら、同時に十分な内部留保から予期せぬリスクを吸収するだけの盤石な体制も貫いているのがわかる。

第4節　大学資金の特性

(1) 留保資金の関連データ

主要私立大学を見る限り、巨額な内部留保を抱えている実態を知った。その資金を「大学の留保資金」と呼ぼう。表向きの勘定科目名と異なり、実際は使途自由な性格を有している。そのため、資金調整手段として利用する場合もあれば、資産運用手段として利用する場合もある。大学によって留保資金の性格が異なるであろうが、置かれた経営環境によって利用目的が変わる場合もある。

図表5－15は、主要私立大学を対象にした留保資金の関連データを整理したものである。用語の定義は次の通りである。同時に全33校中の順位も並列されている。

留保資金　　　　　　＝特定資産＋その他の固定資産＋流動資産
留保資金比率（％）　＝留保資金／資産×１００
直接利回り（％）　　＝利息・配当金収入／留保資金×１００

これらの数値を眺めるだけでも大学の特徴がつかめるかもしれないが、図で描いたほうがもっとわかりやすいであろう。**図表5－16**はこのうち留保資金と留保資金比率を取り出したものである。留保資金の平均値は８８、２８３百万円であるが、巨額資金を抱える大学もあれば、それほど多くない大学もあり、規模の格差が確認できる。

図表5－15　主要私立大学の留保資金関連データ

大学名	留保資金		留保資金比率		直接利回り	
	（百万円）	順位	（%）	順位	（%）	順位
早稲田大学	141,793	6位	36.70	27位	3.87	1位
＊慶應義塾大学	196,991	3位	44.13	13位	1.59	5位
上智大学	68,225	16位	41.57	16位	2.07	4位
東京理科大学	64,948	18位	37.33	26位	1.21	7位
ＩＣＵ	44,471	23位	64.79	1位	3.17	2位
関西大学	115,739	9位	50.97	5位	0.54	18位
関西学院大学	87,074	14位	46.37	11位	0.51	20位
同志社大学	125,925	7位	48.65	7位	0.27	27位
立命館大学	152,939	4位	40.45	19位	1.51	6位
学習院大学	50,145	22位	46.88	10位	0.83	11位
明治大学	89,902	11位	38.90	23位	0.48	22位
青山学院大学	72,054	15位	41.15	17位	0.94	10位
立教大学	57,451	21位	49.00	6位	0.57	17位
中央大学	99,131	10位	48.54	8位	0.46	23位
法政大学	89,132	13位	39.18	22位	0.45	24位
津田塾大学	7,038	33位	19.72	33位	0.08	31位
東京女子大学	18,571	29位	57.39	4位	0.51	19位
日本女子大学	18,485	30位	37.63	25位	0.35	25位
京都女子大学	38,387	24位	48.31	9位	0.07	32位
神戸女学院大学	7,233	32位	38.35	24位	1.18	8位
＊日本大学	302,527	2位	40.09	20位	0.49	21位
東洋大学	89,497	12位	36.47	29位	0.19	29位
駒澤大学	38,326	25位	40.59	18位	0.15	30位
専修大学	35,297	26位	25.56	32位	0.20	28位
京都産業大学	57,747	20位	41.69	15位	0.82	12位
＊近畿大学	148,257	5位	34.13	31位	0.02	33位
甲南大学	31,898	28位	34.96	30位	0.99	9位
龍谷大学	60,991	19位	39.22	21位	0.79	13位
大東文化大学	66,330	17位	63.12	2位	0.58	16位
＊東海大学	122,797	8位	36.49	28位	0.35	26位
亜細亜大学	16,676	31位	43.48	14位	0.67	14位
＊帝京大学	362,183	1位	61.11	3位	2.12	3位
国士舘大学	35,167	27位	45.93	12位	0.62	15位
平均値	88,283	-	42.99	-	0.87	-

（注）留保資金＝特定資産＋その他の固定資産＋流動資産，直接利回り＝利息・配当金収入／留保資金×100

図表5－16　主要私立大学の留保資金と留保資金比率（2019年度）

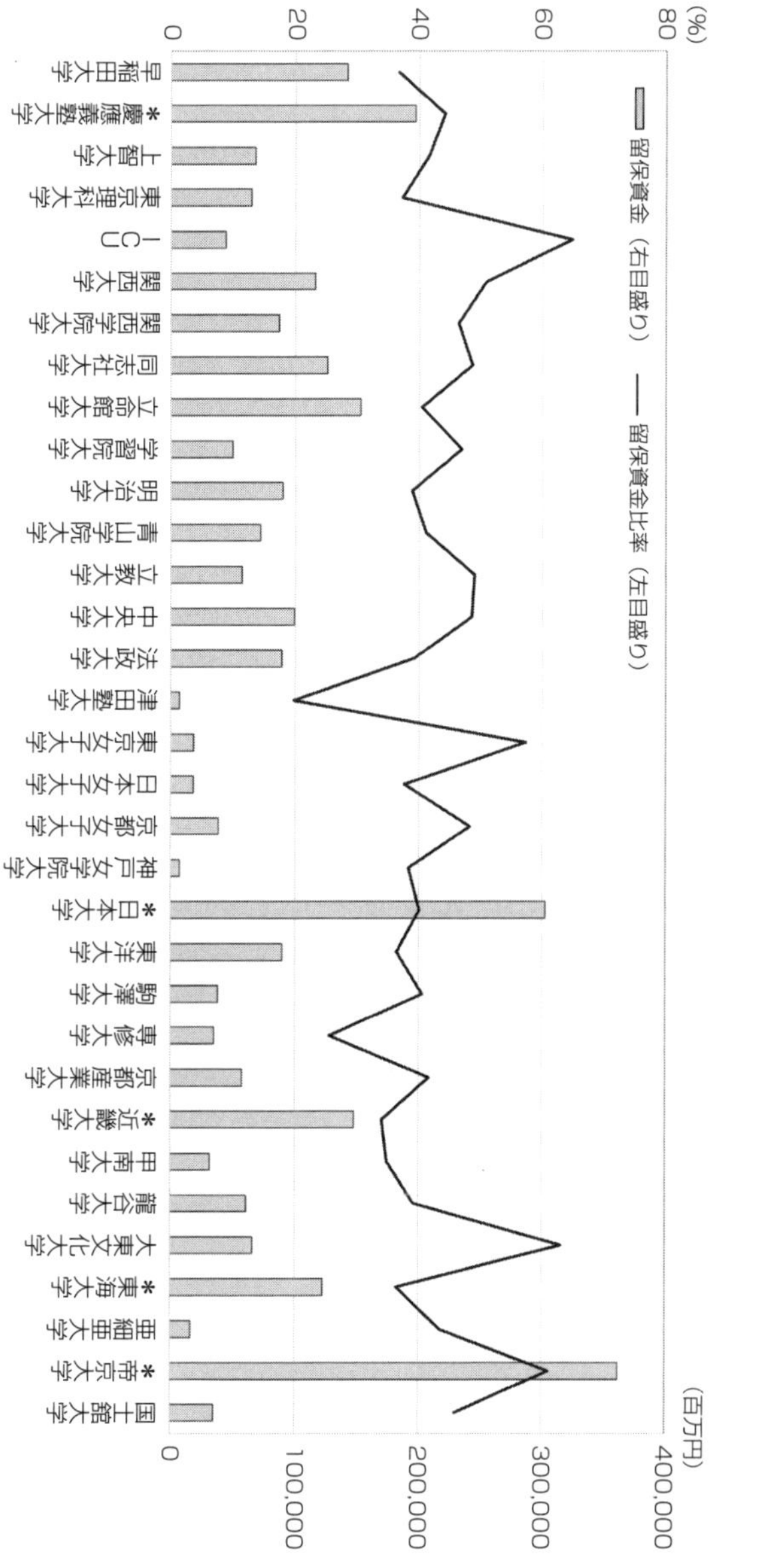

(2) 留保資金比率と直接利回り

それよりも留保資金比率が高いことに驚かされる。大学間に差が見られるが、平均値は42・99％である。資産の40％台が留保資金で占められているのが、わが国の私立大学の財務構造である。他の業種にはおそらく存在しない特徴といえる。これだけの資金をどのような目的で保有しているのかが、重要な関心事となる。

すでに指摘したように資金調整手段あるいは資産運用手段が留保資金の活用方法として考えられる。大学全体ではどちらの傾向が強いのであろうか。そこで、留保資金とともに各大学の直接利回りを並べてみることにしたい。なお、直接利回りを求めるに際して留保資金は実質的に運用可能資金としてみなせるので、分子の利息・配当金収入に対して留保資金を分母に置いて計算している。実際、いままでの章でも留保資金のことを運用可能資産と呼んでいた。

図表5－17は留保資金とともに各大学の直接利回りを描いたものである。これを見ると、極めて高い直接利回りを確保している大学がある一方で、ゼロ金利に限りなく近い大学もあり、平均値は0・87％である。

直接利回りが高いほどリスキーな運用を展開していると解釈できるので、そうした大学は留保資金を資金調整手段よりもむしろ資産運用手段として活用しているといえる。逆に直接利回りが低い大学は安全性と流動性を重んじた運用であり、その場合は資産運用手段よりも資金調整手段にあろう。したがって、直接利回りの大きさによって留保資金の性格がある程

図表5−17　主要私立大学の直接利回りと留保資金（2019年度）

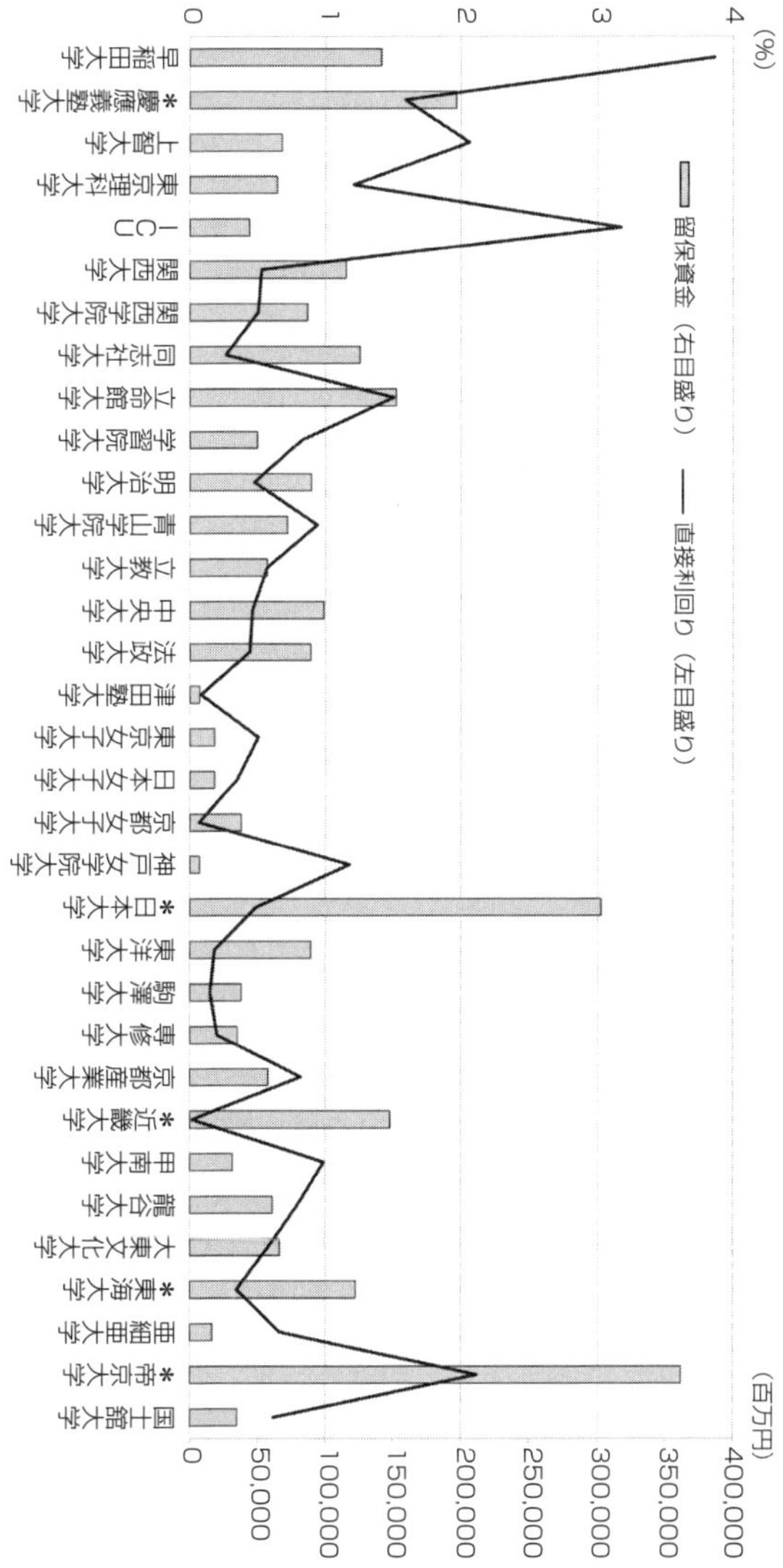

度つかめることになる。

直接利回りの平均値は、超低金利の運用環境下において高いか低いか判別しにくい数値であるが、少なくとも積極的に運用した成果でないことは明らかであろう。それゆえ、大学全体を見る限り、留保資金は資金調整手段としての性格が強いと思われる。それでも相対的に高い直接利回りを生み出している一部の大学は、資産運用手段として留保資金を活用しているといえる。

(3) 資金規模の影響

留保資金の多くは金融資産の形態で保有されているので、大学の経営状態によって資金調整手段とも資産運用手段とも自由自在な動きに転じることができる。それゆえ、どちらかであるかを決めつける必要もないかもしれない。だが、直接利回りの大きさで大学の留保資金がどちらの傾向にあるかを知ることは、大学経営を見るうえで重要である。

そうした留保資金を並べながら、留保資金比率そして直接利回りを観察してきたが、今度は留保資金の規模との関係を探っていこう。そこで、留保資金に対する留保資金比率と直接利回りの相関係数を求めると、次のようになった。


留保資金と留保資金比率の相関係数　・・・　0.279

留保資金と直接利回りの相関係数　・・・0・255

2つの数字を見ると、弱いながらも若干の正の相関が表れている。つまり、留保資金が大きい大学ほど留保資金比率も直接利回りも高く、反対に留保資金が小さい大学ほど留保資金比率も直接利回りも低くなる傾向が読み取れる。

そうすると、大規模な大学ほど留保資金も大きいので、資金の性格は資産運用手段として活用していると思われる。なぜなら、直接利回りも高いと予想されるからだ。逆に小規模な大学の留保資金は資金調整手段としての色彩が強いともいえよう。

(4) 自由裁量の大学資金

2015年度から新たに区分活動資金収支計算書が導入されたことで、大学経営の内容がいままでよりも一層明らかにされるようになった。1つは本業の教育活動収支が施設整備等活動による資金収支を十分に賄っているかが検証可能となったことである。もし両者の合計が赤字ならば、長期的に見て経営上の問題があると判断できる。

黒字であればその他の活動による資金収支に資金が流入し、利息・配当金収入獲得の原資である資産運用資金が増えていく。さらに余剰資金が生じれば、流動資産を形成する現預金が増える。逆に赤字であれば、資金調整手段として資産運用資金の取り崩しが行われ、それでも不足すれば流動資産としての現預金の取り崩しも行われる。

確かにこうした基本調整プロセスに従いながら大学の資金が流れていくことは事実である。だが、このパターンがすべての大学に必ずしも当てはまるわけではなく、不規則な動きを見せる大学も目立つ。

教育活動収支や施設整備等活動による資金収支の状況とはまったく関係なく、その他の活動による資金収支や支払資金の増減額が運用調整プロセスに従いながら独自の動きを展開している大学もあるのだ。なかには、施設整備等活動による資金収支が黒字の大学も存在する。キャンパス整備のために積み立てられてきた資金を一部取り崩しているのである。

大学資金の動きを丁寧に見ていくと、会計上は具体的な利用目的の名称が付けられているが、実際は区切りのない大きな貯水池に溜め込まれた巨額資金の流出入に過ぎず、大学の自由裁量の判断から資金の動きが決定づけられているように感じる。それゆえ、大学が置かれた経営環境に応じて大学運営の調整手段として活用される場合もあれば、資産運用手段として活用される場合もあるのであろう。

施設整備等活動による資金収支の赤字を穴埋めするといった動きは一般的なパターンであり、他の収支差額を中心とした資金の動きも有り得るのが大学経営の実態である。さらに多くの大学を調べれば、特殊なパターンが見られるケースも増えてくるだろう。

第6章　私立大学のポートフォリオ型経営

第1節　資産構成が利益率に及ぼす仕組み

(1) 有形固定資産と留保資金の構成

私立大学の貸借対照表を見ると、資産の部合計は固定資産と流動資産から形成されている。そのうち固定資産は有形固定資産、特定資産、その他の固定資産から成り立っている。これが決算書で取りあげる通常の分類である。

科目ごとに独自の定義づけが行われているが、資産全体を大雑把に有形固定資産と金融資産の2つに区分けすることも可能である。なぜなら、流動資産だけでなく、特定資産やその他の固定資産も金融資産の形態で保有されているからである。

一般企業の内部留保と同じように、わが国の私立大学はこれらの資産を決算期ごとに積み立てている。したがって、特定資産とその他の固定資産そして流動資産の合計をここでは前章にならって留保資金と呼ぶことにする。

図表6－1は実際に主要私立大学33校を対象にしながら、2019年度の決算書から有形

図表6−1　主要私立大学の有形固定資産割合と留保資金割合（2019年度）

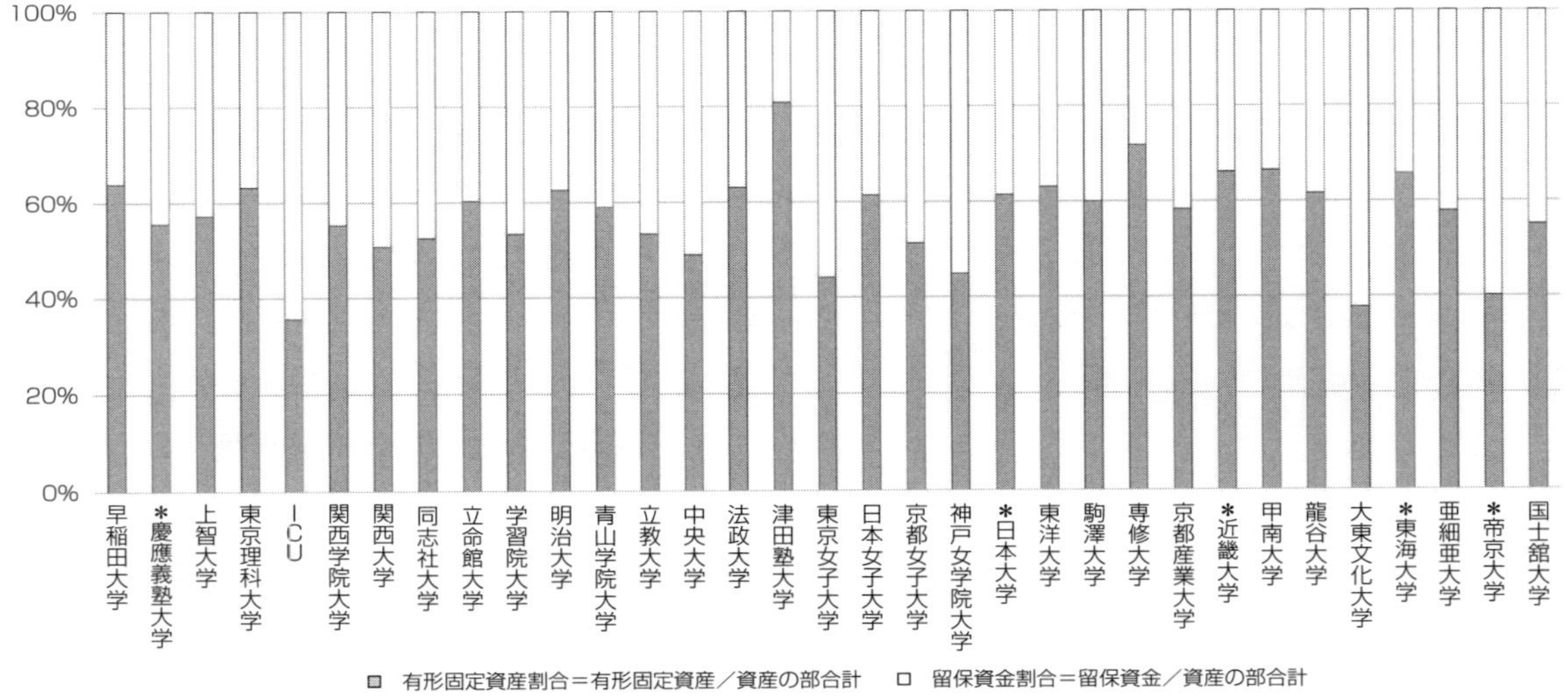

固定資産割合（＝有形固定資産／資産の部合計）と留保資金割合（＝留保資金／資産の部合計）を並べたものである。この図から留保資金が有形固定資産に比較して少ない大学もあれば、逆に多い大学もあるのがわかる。

有形固定資産と留保資金は大学ごとにウエイトが異なっている。それではこうした違いはどのように説明できるのであろうか。さまざまなアプローチが可能であろうが、本章では大学の資産をポートフォリオの対象とみなすことで説明していきたい。これにより有形固定資産と留保資金の構成は、それぞれが生み出す利益率の相違から決定づけられることがわかる。

(2) ROAの分解式

まず、大学のＲＯＡ（総資産利益率）から見ていくことにしよう。資産の部合計が総資産となり、利益は基本金組入前収支差額に相当するので、ＲＯＡは次のように定義づけられる。

ＲＯＡ＝基本金組入前収支差額／資産の部合計
　＝基本金組入前収支差額／総資産

ここで、基本金組入前収支差額は教育活動収支差額と教育活動外収支差額そして特別収支差額の合計から構成されているので、３つに分解できる。

ROA＝（教育活動収支差額＋教育活動外収支差額＋特別収支差額）／総資産
＝教育活動収支差額／総資産　＋　教育活動外収支差額／総資産
＋　特別収支差額／総資産

さらに3つの要因を分解すると、次のように表現できる。

ROA＝（教育活動収支差額／有形固定資産）×（有形固定資産／総資産）
＋（教育活動外収支差額／留保資金）×（留保資金／総資産）
＋（特別収支差額／総資産）

それぞれの要因を大学経営に則した言葉に置き換えれば、理解が一層深まるであろう。そこで大学経営の用語に転換すると、次のようになる。

実物資産利益率　＝　教育活動収支差額／有形固定資産
有形固定資産割合　＝　有形固定資産／総資産
金融資産利益率　＝　教育活動外収支差額／留保資金
金融資産保有割合　＝　留保資金／総資産

特別利益率　＝　特別収支差額／総資産

したがって、ROAは5つの要因から成り立つ分解式で示すことができる。なお、金融資産利益率は別の章で直接利回りと呼んでいたが、ここでは実物資産利益率に対応する用語として使用している。

ROA　＝　実物資産利益率×有形固定資産割合　＋　金融資産利益率×金融資産保有割合
　　　＋　特別利益率

(3) ROAに及ぼす諸要因

この分解式からわかるように、ROAはそれぞれの利益率だけでなく、有形固定資産割合や金融資産割合にも影響を受けるのが確認できる。その関係を単純な数式で描くことにしよう。

$$
\begin{aligned}
\text{ROA} &= aX_1 + bX_2 + c \\
&= aX_1 + b(1 - X_1) + c \\
&= (a - b)X_1 + (b + c)
\end{aligned}
$$

（記号）

a ＝ 実物資産利益率　b ＝ 金融資産利益率　c ＝ 特別利益率

X_1 ＝ 有形固定資産割合　X_2 ＝ 金融資産保有割合　$X_1 + X_2 = 1$

図表6－2はこの関係式を図で描いたものである。縦軸にROA、横軸にX_1を取りながら、右上がりの直線と右下がりの直線が示されている。縦軸上の$b + c$から右上がりに伸びた直線の角度は、プラスの$a - b$である。実物資産利益率のほうが金融資産利益率よりも大きいケースである。そうであれば、X_1が高いほどROAも上昇する。それゆえ、有形固定資産割合を高めるように行動するであろう。

それに対して縦軸上の$b + c$から右下がりに伸びた直線の角度は、マイナスの$a - b$である。金融資産利益率のほうが実物資産利益率よりも大きいケースとなる。この場合はX_1が小さいほどROAが大きくなるので、金融資産保有割合を高めるように行動する。

こうして実物資産利益率と金融資産利益率の差が有形固有資産割合と金融資産保有割合を決定づけることがわかる。ROAの最大化を意識すれば、それぞれの利益率の変動を通じて保有資産のポートフォリオを調整すると考えられる。

図表6−2　ROAと有形固定資産割合（X_1）の関係

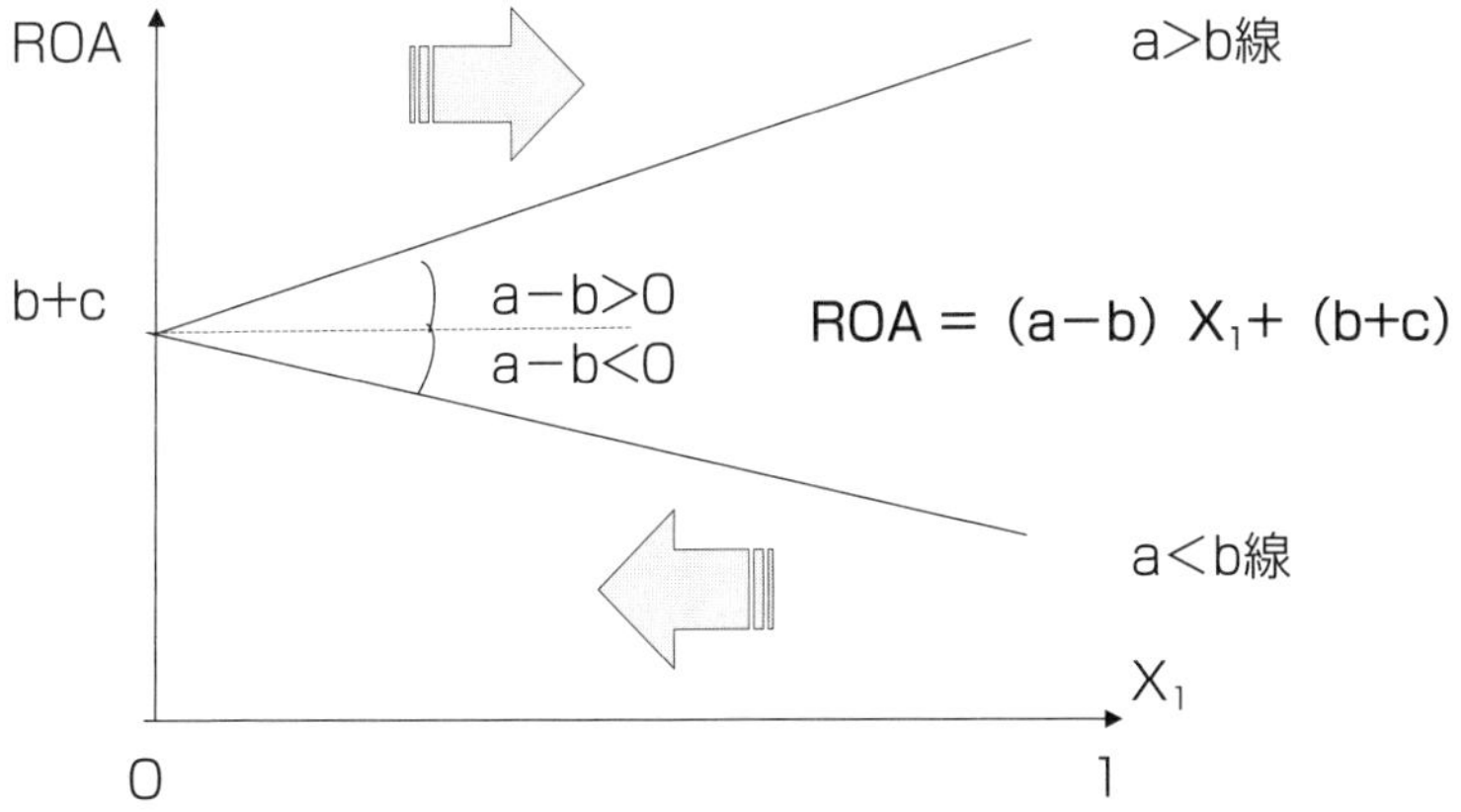

第2節　大学経営の全体像

（1）大学経営のメカニズム

いままで利益率の変動が保有資産のポートフォリオに及ぼすことを指摘した。今度はシステム・ダイナミックス・ソフトのＳＴＵＤＩＯを用いながら、大学経営のメカニズムを通じて説明していきたい。

図表6－3は決算書の事業活動収支決算書と貸借対照表から重要な項目を取り出し、私立大学の経営メカニズムを描いたものである。「**経常収支差額**」は「**教育活動収支差額**」と「**教育活動外収支差額**」の合計である。この金額に「**特別収支差額**」が加わることで、「**基本金組入前収支差額**」が形成される。

「**有形固定資産**」の施設・設備が中心となって教育研究活動が展開できるので、そこから生み出される利益率を「**実物資産利益率**」と呼んでいる。したがって教育活動収支差額は有形固定資産に実物資産利益率を掛けた金額となる。

それに対して教育活動外収支差額は、運用可能資産に相当する「**留保資金**」に「**金融資産利益率**」を掛けた金額である。そして特別収支差額は「**総資産**」を対象にしながら「**特別利回り**」を掛けた金額となる。

図表6－3　私立大学の経営メカニズム

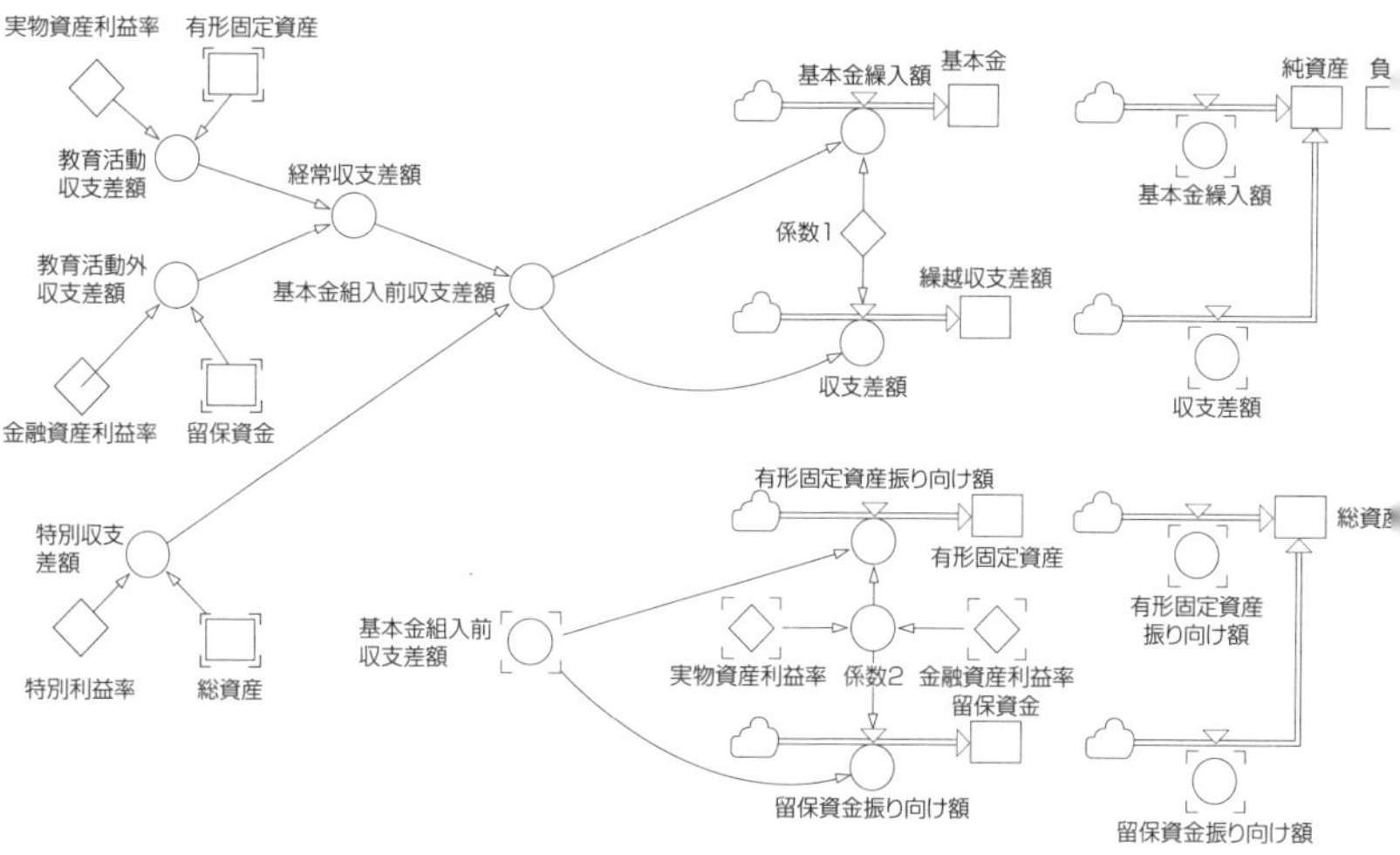

3種類の収支差額から生み出された基本金組入前収支差額は、一部が「**基本金組入**」として「**基本金**」に蓄積される。残りは「**収支差額**」となり、「**繰越収支差額**」に向かっていく。ここでは大学独自の判断として基本金組入と収支差額の配分が「**係数1**」によって決定づけられている。このモデルでは0・8が基本金組入に流れ、残りの0・2が収支差額に向かっていく。最終的に基本金組入と収支差額がそれぞれ基本金と繰越収支差額の合計に加わることで「**純資産**」が形成されていく。

基本金組入前収支差額は「**有形固定資産**」や「**留保資金**」の原資にもなっている。その資金は「**有形固定資産振り向け額**」と「**留保資金振り向け額**」としてそれぞれの資産に蓄積されていく。ここで注目しなければならないのは、有形固定資産振り向け額と留保資金振り向け額を決定づける配分比率の「**係数2**」である。

(2) 有形固定資産と留保資金の配分

前節で説明したようにポートフォリオ型の経営が実践されるならば、「**実物資産利益率**」と「**金融資産利益率**」の比較から資金が配分されていく。例えば、実物資産利益率のほうが金融資産利益率よりも高ければ、有形固定資産振り向け額を留保資金振り向け額よりも増やそうとする。反対に金融資産利益率のほうが実物資産利益率よりも高ければ、逆の動きに転じていく。

このモデルでは、実物資産利益率が金融資産利益率を上回る場合、基本金組入額収支差額の0・6が有形固定資産振り向け額に流れ、残りの0・4が留保資金振り向け額に向かっていく。逆に金融資産利益率が実物資産利益率を上回る場合、基本金組入額収支差額の0・4が有形固定資産振り向け額に流れ、残りの0・6が留保資金振り向け額に向かっていくと設定されている。

一方、ポートフォリオ経営を否定する考え方もあろう。その場合は係数2が実物資産利益率と金融資産利益率の比較とはまったく独立に決定づけられる。ここでは基本金組入額収支差額の0・6が有形固定資産振り向け額に流れ、残りの0・4が留保資金振り向け額に向かう

図表6－4　経営モデルの初期値

(1) 事業活動収支計算書	＜計算式＞	＜初期値＞
教育活動収支差額	①	6
教育活動外収支差額	②	2
経常収支差額	③＝①＋②	8
特別収支差額	④	1
基本金組入前収支差額	⑤＝③＋④	9
基本金組入額	⑥	7
収支差額	⑦＝⑤－⑥	2

(2) 貸借対照表	＜計算式＞	＜初期値＞
有形固定資産	⑧	600
留保資金	⑨	400
総資産	⑩＝⑧＋⑨	1,000
負債	⑪	300
基本金計	⑫	500
繰越収支差額	⑬	200
純資産	⑭＝⑫＋⑬	700

(3) 係数の設定	
実物資産利益率	1.0%
金融資産利益率	1.5%
特別利益率	0.1%
係数1	0.8
係数2　固定型の経営	0.6
係数2　ポートフォリオ型の経営	0.4

(注1) 留保資金は特定資産，その他の固定資産，流動資産の合計である。
(注2) 総資産は資産の部合計を意味する。
(注3) 単位：億円

と想定している。大学運営にとって総資産利益率の最大化は無縁な存在であると頑なに信じるならば、固定型の経営を支持するであろう。

いずれにせよ、有形資産振り向け額と留保資金振り向け額が有形固定資産と留保資金の合計額に蓄積されることで「**総資産**」が形成される。もちろん、この金額は純資産と「**負債**」の合計額に一致する。

以下では、この経営モデルに従って単純なシミュレーションを行うが、最初に各項目の初期値を設定しなければならない。**図表6－4**は事業活動収支計算書と貸借対照表の主要項目の計算式と初期値を明示したものである。これを見ることによって図表6－3の経営モデルについても理解が深まるであろう。

(3) 固定型とポートフォリオ型のシミュレーション

さっそく、経営モデルに従って第0期の初期値から第100期までの過程を見ていくことにしよう。このなかで注目すべき項目は、総資産に対する有形固定資産の割合と留保資金の割合である。**図表6－5**は両者の推移を固定型とポートフォリオ型に分けて描いたものである。

当然のことであるが、固定型の経営ならば有形固定資産割合は0・6、留保資金割合は0・4のままとなる。しかしながら、ポートフォリオ型の経営では有形固定資産割合は0・6

図表6－5　有形固定資産割合と留保資金割合の動き

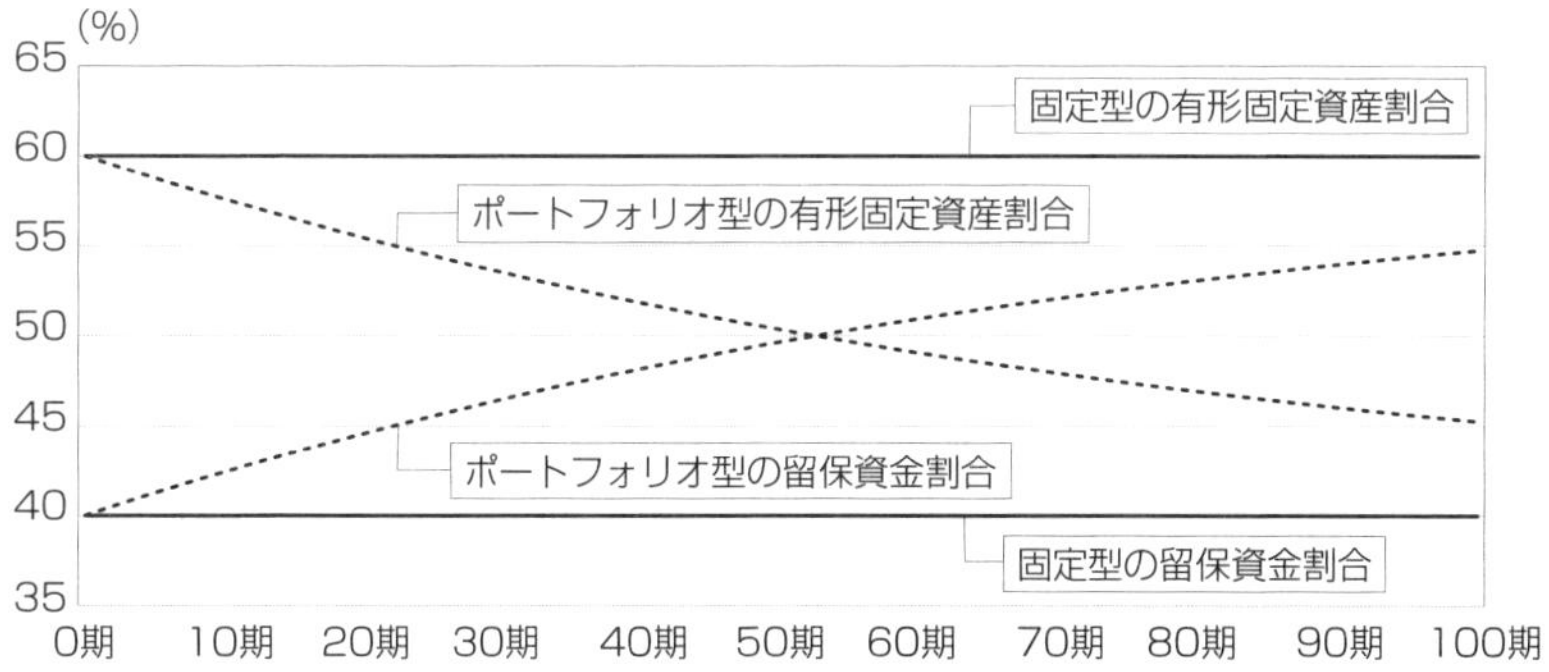

図表6－6　基本金組入前収支差額と純資産の比較

期間	基本金組入前収支差額			純資産		
	固定型	ポートフォリオ型	差額	固定費	ポートフォリオ型	差額
0期	13.0	13.0	0.0	700.0	700.0	0.0
10期	14.8	14.9	0.1	837.9	848.8	11.0
20期	16.8	17.2	0.3	994.8	997.7	2.9
30期	19.2	19.7	0.6	1,173.3	1,194.2	20.9
40期	21.8	22.7	0.9	1,376.4	1,390.8	14.4
50期	24.8	26.1	1.3	1,607.5	1,650.3	42.8
60期	28.2	29.9	1.7	1,870.5	1,909.8	39.3
70期	32.1	34.4	2.3	2,169.8	2,252.6	82.8
90期	41.6	45.4	3.9	2,897.8	3,048.0	150.2
100期	47.3	52.2	4.9	3,338.7	3,500.6	161.9

（注）差額とは，ポートフォリオ型の数値から固定型の数値を引いたものである。
（注）単位：億円

から徐々に低下し、留保資金割合は0・4から上昇している。そして、ある期間に至ると両者は逆転し、最終的に有形固定資産割合は0・4、留保資金割合は0・6に向かっていく。

図表6－6では、基本金組入前収支差額と純資産の推移を固定型とポートフォリオ型に分けながら整理したものである。どちらもポートフォリオ型のほうが固定型よりも大きな金額を生み出している。金融資産利益率のほうが実物資産利益率よりも高い状況のもとでは、柔軟に対応するポートフォリオ型のほうが有利になるのは自明の論理であろう。

第3節　大学経営の実態

実物資産利益率と金融資産利益率を比較しながら資産配分を決定づけるポートフォリオ型経営が展開されているのか、それともまったく利益率とは関わりなく独立型経営を展開しているのか。その実態を知るにはデータから探っていくしかない。

図表6－7は2019年度を対象にした主要私立大学33校の実物資産利益率と金融資産利益率を並べたものである。実際、2つの利益率の間には大学ごとに違いが生じている。実物資産利益率のほうが高い大学もあれば、逆に金融資産利益率のほうが高い大学もある。

そこで、先ほど取り上げたROAとX_1の関係式　ROA＝（a－b）X_1＋（b+c）の各項目の平均値をa∧bのケース（実物資産利益率∧金融資産利益率）とa∨b（実物資産利益率∨

図表6−7　主要私立大学の実物資産利益率と金融資産利益率（2019年度）

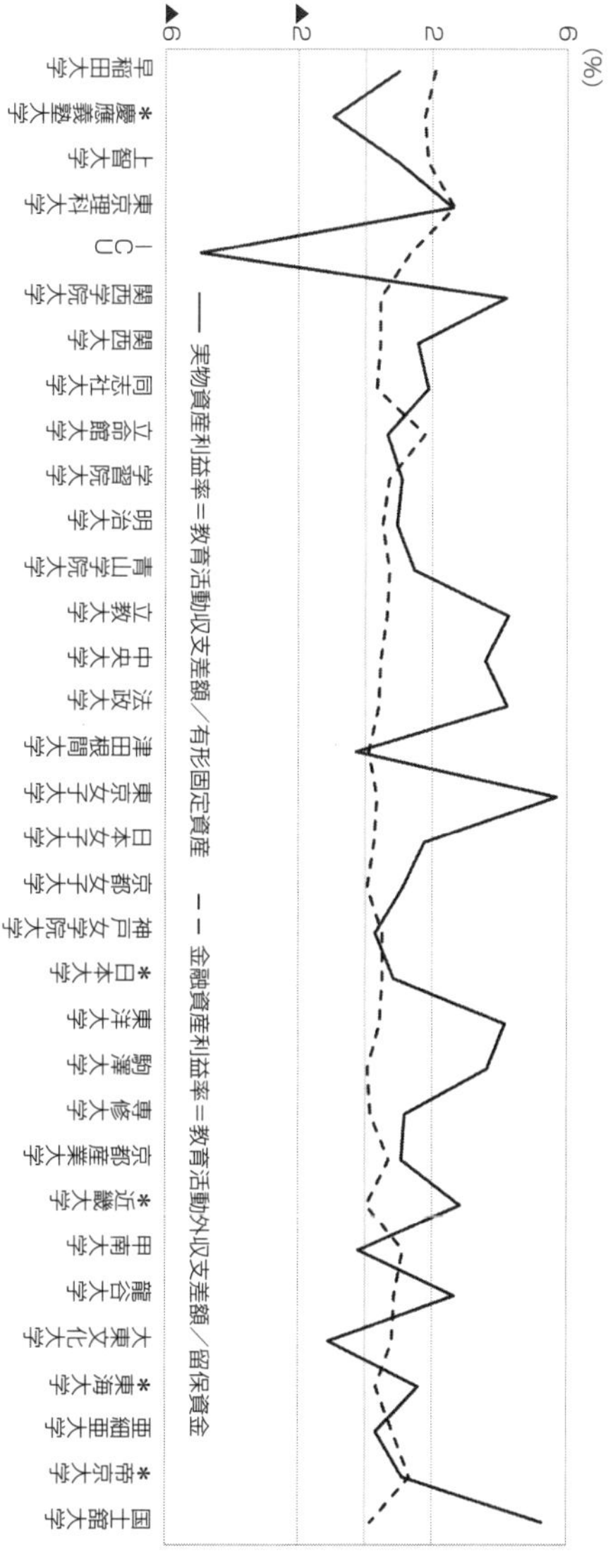

図表6－8　主要私立大学の計測結果（2018年度と2019年度）

	2018年度			2019年度		
分類	a＜b	a＞b	全体	a＜b	a＞b	全体
X_1	55.32	58.03	57.05	53.62	57.97	56.52
a	▲0.04	2.62	1.65	▲0.29	2.34	1.46
b	1.35	0.41	0.75	1.63	0.42	0.82
c	▲0.09	▲0.09	▲0.09	0.60	▲0.00	0.20
a－b	▲1.39	2.21	0.90	▲1.92	1.92	0.64
b＋c	1.26	0.32	0.66	2.23	0.42	1.02
ROA	0.59	1.57	1.21	1.33	1.52	1.46
校数	12校	21校	33校	11校	22校	33校

（注）ROA=(a－b)X_1＋（b+c）　の各係数の平均値を示している。

金融資産利益率）のケースに分けながら、２０１８年度と２０１９年度にわたって計測すると**図表６－８**のようになった。

ここで注目すべきは、（a－b）とX_1の関係である。年度ごとに整理すると、次のようになる。

＜２０１８年度＞
a＜bのケース　X_1の平均値　55・32
a＞bのケース　X_1の平均値　58・03

＜２０１９年度＞
a＜bのケース　X_1の平均値　53・62
a＞bのケース　X_1の平均値　57・97

どちらの年度においても、a＜bのケースのX_1のほうがa＞bのケースのそれよりも小さい。すなわち、実物資産利益率よりも金融資産利益率が高い大学ほど、有形固定資産割合が相対的に小さく、留保資金割合が大きくなっている。

このことから、主要私立大学はポートフォリオ型経営を実践しているように思われる。金融資産の運用に長けた大学ならば、留保資金を有形固定資産に回すよりも金融資産の蓄積に力点を置くであろう。そのほうが長期的に見て大学を大きく発展させる。

もちろん、金融資産の運用にあまり関心がない大学もある。その場合は留保資金を有形固定資産に向かわせるであろう。だが、必ずしも具体的な計画がなければ金融資産の形で保有するかもしれない。あらゆる経営リスクを吸収する意味で、そのほうが有効な手段として考えられるからだ。それでも時間が経過すれば徐々に有形固定資産を増やしていくであろう。

いずれにせよ、どの大学であれ実物資産利益率と金融資産利益率を比較することで資産配分を決定づけていることには違いないであろう。

第7章　私立大学の現状と将来像

第1節　大学経営と留保資金

18歳人口が確実に減少する時代を迎えて、大学経営は厳しい環境に追い込まれている。その状況を打破しようと、若者から見て魅力的な大学を目指している。学生の引き付けにうまく成功した大学は定員を確保できるが、そうでない大学は定員割れに陥ってしまう。

実際、日本全体の私立大学を見渡すと、定員割れの大学がかなりの割合を占めている。しかも長い期間にわたってその状況が続いている。そうしたなかで、大学の経営危機が声高に叫ばれ、経営破綻に陥った大学も何校かあった。だが、世間一般で騒がれるほど大学の経営は深刻でないように見える。

銀行をはじめとする金融機関が連鎖的に破綻した頃の金融危機とはまったく違う。それに比べれば危機とはいえないのが現状である。まして、主要私立大学ならば経営危機とは無縁な状態にある。わずかな小規模な大学だけが危機に瀕しているに過ぎない。

その理由はいままでの章でも触れたように十分過ぎるほどの留保資金を抱えているからで

ある。実質上、使途自由な資金が豊富にあれば経営の自由度が高まるだけでなく、あらゆる種類のリスクを十分に吸収するバッファー機能も果たしてくれる。強固な経営の基盤はまさに留保資金の存在にある。

資金収入が資金支出を上回れば、留保資金は着実に増えていく。資金収入を支えてくれる主要な財源が授業料収入である。それゆえ、定員割れが起きればいずれ財源不足に陥るのは理解できる。そのほかに政府による補助金も無視できない要因である。今日では定員状況によって多少の変化が起きるが、かなり安定的に確保できる有力な資金源である。

そこで、最後に補助金に焦点を当てながら、大学経営の運営にどのような影響を及ぼしているかを見ていきたい。アプローチとして、活動区分資金収支計算書と事業活動収支計算書の2つから、補助金を差し引いた場合の結果を調べていく。これにより、補助金の役割が明確になると思われる。

第2節　活動区分資金収支計算書から見た補助金

活動区分資金収支計算書から明らかなように、教育活動資金収支差額の資金は施設整備等活動資金収支差額、その他の活動資金収支差額そして支払資金の増減額に分配されていく。そのことは5章において3段階の意思決定メカニズムとして説明した。時には独自の動きを見せる項目もあるが、こうした流れが大学経営の一般的なパターンとして把握できる。

教育活動資金収支差額が源流となってそれぞれの項目に向かっていくのが大学財務の流れである。そうであれば、教育活動資金収入を増やし資金支出を減らせば、多くの資金が施設整備や資産運用に流れていく。なかでも経常費等補助金収入は教育活動資金収入を構成する主要な項目であることから、教育活動資金収支差額に大きな影響を与える。

図表7−1は主要私立大学を対象に教育活動資金収支差額と経常費等補助金収入を並べたものである。棒グラフが教育活動資金収支差額であり、実線が経常費等補助金収入である。相関係数は0・911であり、両者は極めて高い正の相関を有している。

それよりも、経常費等補助金収入が教育活動資金収支差額のかなりの割合を占めているほうが興味深い事実であろう。その割合の平均値は70%である。しかも、大学によっては経常費等補助金収入が教育活動資金収支差額を上回っているところも見られる。

こうした実態から、政府による補助金が私立大学の経営に及ぼす影響の大きさがわかる。もし補助金がゼロであれば、教育活動資金収支差額はわずかしか残せないことになる。そうなれば施設設備の拡充だけでなく、資産運用の増額もできなくなる。逆の見方をすれば、政府が補助金を通じて私立大学の経営をコントロールしているとも解釈できる。

一般企業ならば、施設整備の資金は銀行借入や社債発行から賄うであろう。だが、私立大学は補助金によってそれらの資金を確保しているので、銀行借入や債券発行の必要性がそれ

図表7－1　主要私立大学の教育活動資金収支差額と経常費等補助金収入（2019年度）

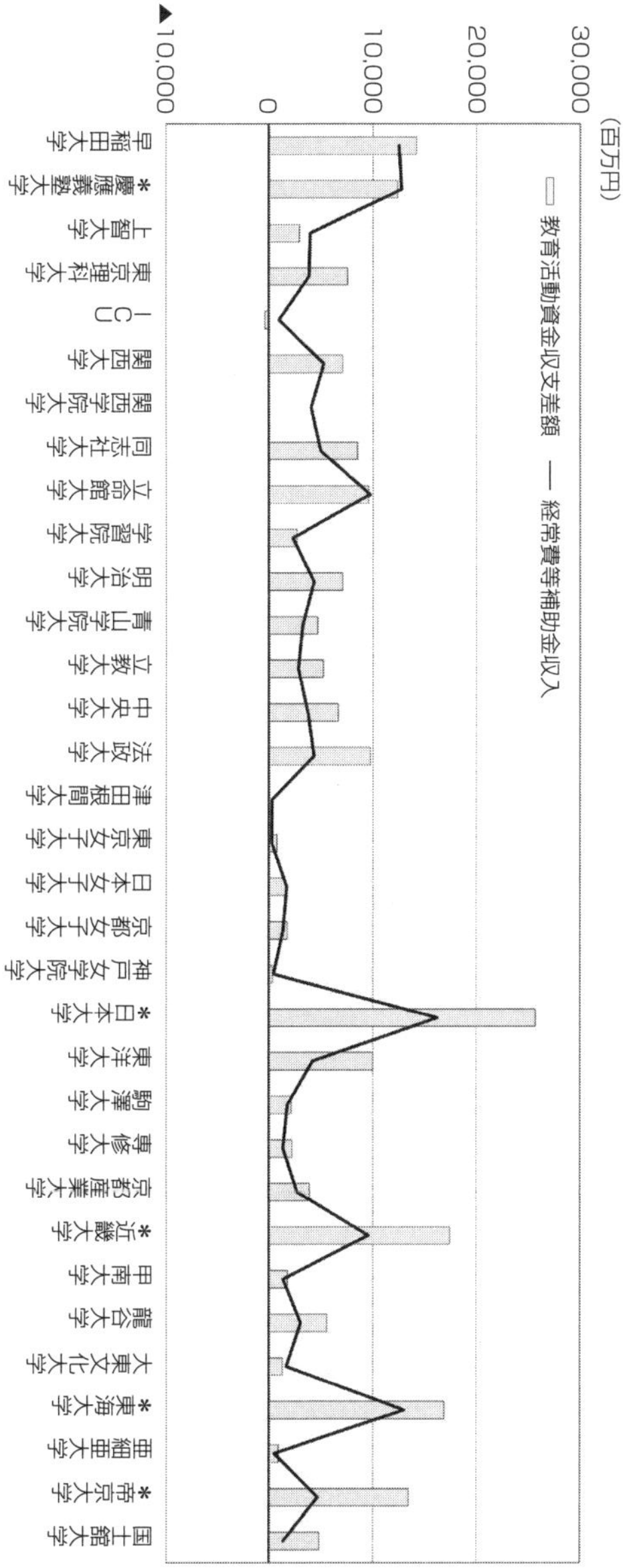

ほどない。外部からの資金調達が少ないのは、補助金の存在が深く関わっていることが理解できる。

また、資産運用の原資も補助金からの資金流入とみなすことができる。米国の大学では本体と切り離した寄付基金を設け、外部から寄付金を得ることで資産運用を展開している。運用リスクを本体から遮断するためにも寄付基金の存在は重要である。それにも関わらず、わが国では大学業務のなかに押し留められているのは、補助金を通じて着実に運用資金が得られるからであろう。

第3節　事業活動収支計算書から見た補助金

こうして見ていくと、政府による補助金の導入は私立大学の自主性を抑える負の作用をもたらしているようにも感じる。外部から資金を調達する体制があれば、調達コスト以上のリターンが見込めるように効率的な業務を展開するであろう。また、寄付基金の設立を早い段階から取り組んでいれば、寄付金の獲得も根付いていただろう。しかも、大胆な運用も実行されていたと思われる。

だが、事業活動収支計算書から補助金の役割を追っていくと、まったく別の見方ができる。

図表7－2は、主要私立大学の基本金組入前当年度収支差額と経常費等補助金収入そして両

図表7－2　主要私立大学の基本金組入前当年度収支差額と経常費等補助金収入そして両者の差額（2019年度）

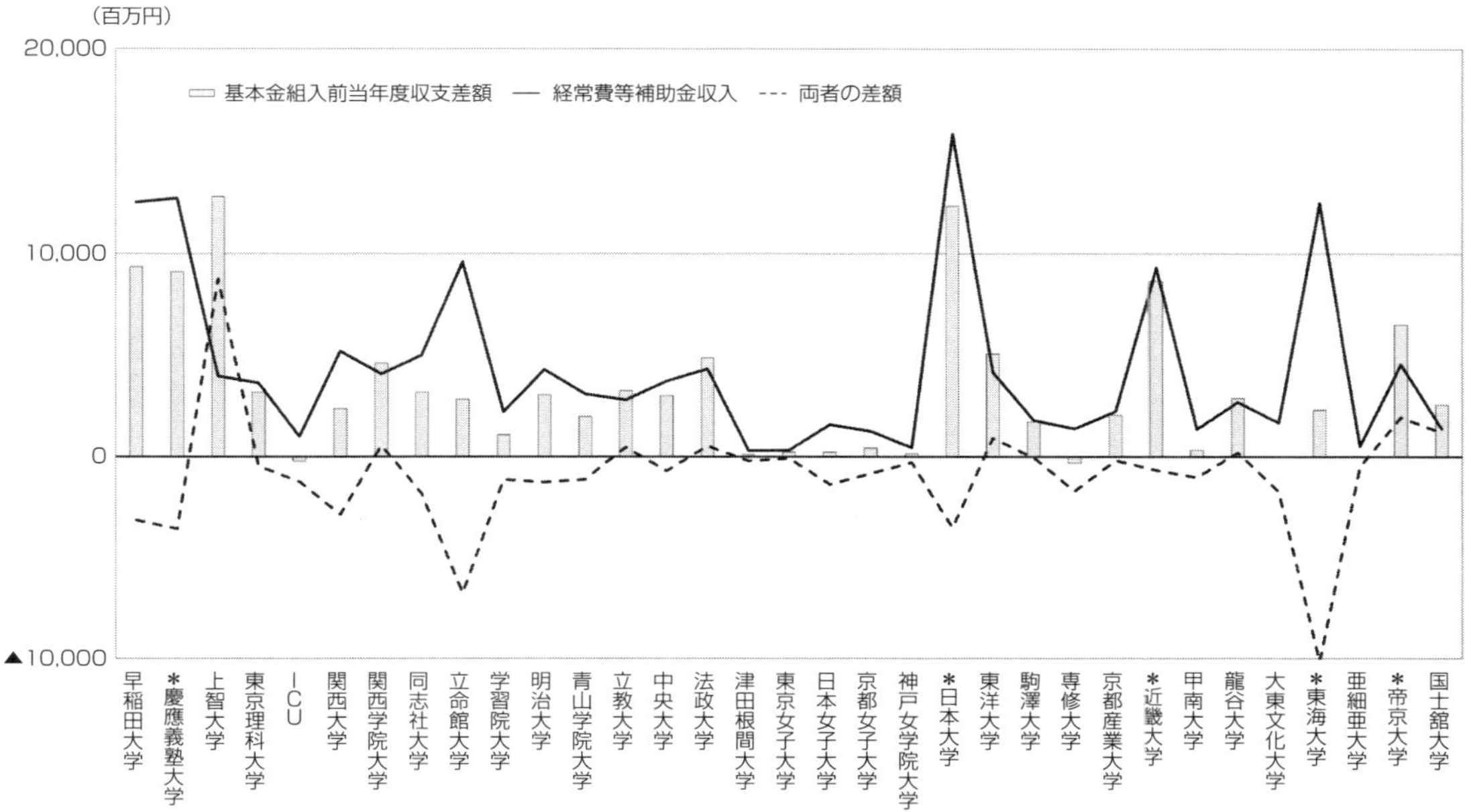

者の差額を並べたものである。棒グラフが基本金組入前当年度収支差額であり、実線が経常費等補助金収入である。両者の差額は点線で示している。

基本金組入前当年度収支差額と経常費等補助金収入の相関係数は0・725であり、正の相関を示している。両者が比例関係にあるのは当然のことであるが、この図からすぐに基本金組入前当年度収支差額が経常費補助金を下回っている大学が多いことに気づく。実際、両者の差額を求めると、マイナスが際立っている。

もし補助金がゼロならば、基本金組入前当年度収支差額は赤字の状態に陥ることになる。補助金は事業活動収入の一部を占める重要な項目であるからだ。表向きは黒字であっても、政府からの資金に依存した現象に過ぎない。実際は赤字の状態が一般的な姿といえる。

補助金が無ければ赤字が続き、最終的に破綻してしまう。それを阻止するうえで補助金は重要な役割を果たしているのがわかる。活動区分資金収支計算書を通じて補助金を捉えれば、自主的運営を抑える恐れが感じられたが、事業活動収支計算書を見る限りでは、反対に補助金の必要性が認識できる。

第4節　新体制への移行に向けた対応策

どちらの計算書を見るかによって、補助金の在り方がまったく違ってくる。補助金を削減すれば効率的な経営に向かっていくが、決算の赤字が生じる恐れがある。これでは大学経営の持続性に問題が生じる。そうであれば、補助金に依存せざるを得ないが、それでは本来の自主的運営から遠ざかっていく。

矛盾を抱える補助金であるが、現状から判断して補助金の拡大は望めない。むしろ縮小の方向に歩んでいくと思われる。政府の財政は赤字状態から脱却する見込みはなく、累積債務残高は膨らむばかりである。GDP比で2倍を超えているうえ、主要先進国のなかで最も高い水準にある。こうしたなかで大学の補助金だけを拡大することは難しく、縮小の方向へ進まざるを得ないであろう。

今後、補助金の削減傾向が強まっていけば、それを補うだけの資金確保が必要となる。大学の経営努力によって生み出される資金なので、自主的運営が強化されるうえ、達成できれば大学の決算も改善されていく。

それを実現するには、従来から踏襲してきたシステムを根本から変えていかなければならない。授業料に依存した収入構造から脱却した体制を構築していくことになる。本体と独立した組織のもとでの資産運用業務をはじめとして、新たな事業活動による収入の確保も推し進められていくであろう。これにより、補助金が減額されても財政面で十分に持ち堪えられるようになる。

同時に、教育研究活動を担う教員の雇用システムも変革が求められる。一般企業と同様に、終身雇用・年功序列から時代の変化に対応した動きに転じていくであろう。すでに今日の大学では、時代の流れに乗り遅れないように実社会での経験者を積極的に採用しているが、彼らの雇用形態は特任教員あるいは客員教員といった任期制が中心となっている。

ただ、大学はあくまでも基礎研究が中心にあるので、実務経験者が多くを占めるのは難しい。やはり当初から研究実績に基づいて採用された専任教員が支える体制はこれからも変わらないと思われる。その一方で、従来の雇用システムを続ければ変化を嫌う体質が根付いてしまう。時代の流れに取り残されないためには、年俸制を取り入れるなど新たな刺激策が必要となる。

教育研究実績に応じて教員の給与が決まれば、大学は活性化されるだろう。誰もが同じ待遇がもたらされる平等主義の環境下では、時代の変化を受け入れるのに時間が掛かり効率性を高めることができない。仕事に応じた給与の配分を伴わない限り、迅速な動きに転じるのは難しい。

その場合、教員評価の基準を明確にしなければ年俸も定まらない。教育研究の成果が基本であるのは当然であるが、そのほかに外部での諸活動も重要な要因となる。教員が持つ専門知識を大学外で活かせば世間への貢献にもつながる。幅広い視点から教員を客観的に評価するのが大原則となる。

ここで重要なことは、教員評価の具体的な材料である。評価する立場の人によって異なるようではいけない。外部での評価は市場メカニズムに従い金銭によって判断されるのが最も合理的である。そうであれば稼ぐ力が教員評価の基準となる。これならば誰が評価しても同じであろう。

今日の大学は、教員の外部での資金獲得は個人の所有となるのが一般的であるが、大学に所属している限り、大学本体に帰属させるべきであろう。その後の扱いは大学独自の判断に任せるのが良い。これにより、大学への財政的貢献にもつながっていく。

このように、補助金の削減は大学の組織そのものを大きく変革させる要因となる。大学はその要求に応えるように試行錯誤を繰り返しながらも、新しい体制を求めていかなければいけない。それを実現しなければ、着実な発展は望めないだろう。

参考文献

赤井伸郎・中村悦広・妹尾　渉（２００９）「国立大学財政システムのあり方についての考察 ―運営費交付金の構造分析―」経済産業研究所　RIETI Discussion Paper Series 09-J-006
植草茂樹・高岡華之（２００５）「国立大学法人の財務指標とその可能性」『大学評価・学位研究』第１号
梅田守彦（２００７）「国立大学法人の財務情報の公開をめぐって」『中京経営研究』第16巻第２号
太田　創（２０１９）「アメリカ　エンダウメント」第１回（２０１７年10月）から第31回（２０１９年３月）の連載　幻冬舎
京都大学（２０１９）「京都大学の財務情報」『ファイナンシャルレポート／Financial Report』
国立大学等の独立行政法人化に関する調査検討会議（２００２）「新しい「国立大学法人」像について」ＨＰ収録
小藤康夫（２００９）『大学経営の本質と財務分析』八千代出版
小藤康夫（２０１９）『大学経営の構造と作用』専修大学出版局
週刊アエラ編集部（２０１９）「早稲田大学対慶応義塾大学」９月16日号
週刊アエラ編集部（２０１９）「淘汰されない大学ランキング」10月21日号
週刊エコノミスト編集部（２０１９）「勝ち残る　消える　大学」12月３日号
全国新聞ネット（２０２０）「新型コロナが大学経営に与える影響―閉校の恐れある英国と対照的なフランスの違い」株式会社全国新聞ネット
大学改革支援・学位授与機構（２０２０）「国立大学法人の財務」ＨＰ収録
東洋経済編集部（２０１８）「危ない私大１００　強い私大50」週刊東洋経済
日本経済新聞（２０２０）「若手研究者の奨学金拡充　政府、「ポスドク」問題」１月22日号

日本経済新聞（２０２０）「米大学、コロナで経営難」２０２０年5月18日付
日本私立学校振興・共済事業団（２０１７）「私学の経営分析と経営改善計画」（改訂版）
野中郁江・山口不二夫・梅田守彦（２００１）『私立大学の財政分析ができる本』大月書店
野中郁江（２０２０）『私立大学の財政分析ハンドブック』大月書店
福島謙吉（２０１０）「第2期中期目標期間における国立大学法人の財務の展望─国立大法人運営費交付金減額への対応をめぐって─」『大学アドミニストレーション研究』創刊号
藤巻祐輔（２０１７）「非営利組織の会計・監査シリーズ（11）国立大学法人等」『会計情報』Vol.496
山本　清（２００４）「国立大学法人の財務と評価」『大学財務経営研究』第1号

資　料

週刊東洋経済「大学四季報」（毎年度）
主要私立大学ホームページの決算報告（毎年度）
独立行政法人大学改革支援・学位授与機構「国立大学法人の財務」ＨＰより。
文部科学省「国立大学法人等の決算について」（各年度版）ＨＰより。
Harvard University（2019）Financial Report Fiscal Year 2018-2019
NACUBO（2019）NACUBO-TIAA Study of Endowments
Yale University（2019）Financial Report Fiscal Year 2018-2019

サ

タ

ナ

索　引

A－Z

ア

カ

《著者紹介》

小藤康夫（こふじ・やすお）

1953年10月　東京に生まれる。

1981年３月　一橋大学大学院商学研究科博士課程修了

現　　　在　専修大学商学部教授　商学博士（一橋大学）

《主な著書》

『マクロ経済と財政金融政策』白桃書房　1989年

『生命保険の発展と金融』白桃書房　1991年

『生保金融と配当政策』白桃書房　1997年

『生保の財務力と危機対応制度』白桃書房　1999年

『生命保険が危ない』世界書院　2000年

『日本の銀行行動』八千代出版　2001年

『生保危機の本質』東洋経済新報社　2001年

『生保危機を超えて』白桃書房　2003年

『金融行政の大転換』八千代出版　2005年

『金融コングロマリット化と地域金融機関』八千代出版　2006年

『中小企業金融の新展開』税務経理協会　2009年

『大学経営の本質と財務分析』八千代出版　2009年

『決算から見た生保業界の変貌』税務経理協会　2009年

『世界経済危機下の資産運用行動』税務経理協会　2011年

『米国に学ぶ私立大学の経営システムと資産運用』八千代出版　2013年

『生保金融の長期分析』八千代出版　2014年

『日本の保険市場』八千代出版　2016年

『生保会社の経営課題』税務経理協会　2018年

『日本の金融システム』創成社　2019年

『大学経営の構造と作用』専修大学出版局　2019年

Management Issues of Insurance Companies, Oriental Life Insurance Cultural Development Center, Tokyo Japan 2020.

（検印省略）

2021年11月30日　初版発行　　　略称―私立大学

私立大学の会計情報を読む
―成長の源泉を求めて―

著　者　小藤康夫

発行者　塚田尚寛

発行所　東京都文京区春日2-13-1　株式会社　創成社

電　話　03（3868）3867　ＦＡＸ　03（5802）6802

出版部　03（3868）3857　ＦＡＸ　03（5802）6801

http://www.books-sosei.com　振　替　00150-9-191261

定価はカバーに表示してあります。

ISBN978-4-7944-1566-0 C3033

Printed in Japan

組版：スリーエス　印刷：エーヴィスシステムズ

製本：エーヴィスシステムズ

落丁・乱丁本はお取り替えいたします。